图书在版编目（CIP）数据

故宫旧档／单士元著 . -- 北京：中国文史出版社，
2018.6
（文史存典系列丛书·史学卷）
ISBN 978-7-5205-0182-8

Ⅰ.①故… Ⅱ.①单… Ⅲ.①故宫博物院—档案资料
—汇编—北京 Ⅳ.① G269.263

中国版本图书馆 CIP 数据核字（2018）第 052879 号

出 品 人：刘未鸣　　　　　　责任编辑：窦忠如　　蔡丹诺
策 划 人：窦忠如　　　　　　责任校对：程铁柱
装帧设计：润一文化　　　　　实习编辑：孟凡龙　　王　丰

出版发行：**中国文史出版社**
社　　址：北京市西城区太平桥大街 23 号　邮编：100811
电　　话：010—66173572　66168268　66192736（发行部）
传　　真：010—66192703
印　　装：廊坊市海涛印刷有限公司
经　　销：全国新华书店
开　　本：720 毫米 ×889 毫米　1/16
印　　张：17
字　　数：219 千字
版　　次：2018 年 7 月北京第 1 版
印　　次：2018 年 7 月第 1 次印刷
定　　价：76.50 元

《文史存典系列丛书》学术顾问委员会

（按照姓氏笔画排序）

出版说明

　　中华民族历史悠久，文化源远流长，各个领域都熠熠闪光，文史著述灿若星辰。遗憾的是，"五四"以降，中华传统文化被弃之如敝屣，西风一度压倒东风。"求木之长者，必固其根本；欲流之远者，必浚其泉源。"中华优秀传统文化是中华民族的精神命脉，也是我们在激荡的世界文化中站稳脚跟的坚实根基。因此，国人需要文化自觉的意识与文化自尊的态度，更需要文化精神的自强与文化自信的彰显。有鉴于此，我社以第五编辑室为班底，在社领导的统筹安排下，在兄弟编辑室的通力合作下，在文化大家与学术巨擘的倾力襄助下，耗时十三个月，在浩如烟海的近代经典文史著述中，将这些文史大家的代表作、经典等遴选结集出版，取名《文史存典系列丛书》（拟10卷），每卷成立编委会，特邀该领域具有标志性、旗帜性的学术文化名家为主编。

　　"横空盘硬语，妥帖力排奡。"经典不是抽象的符号，而是一篇一篇具体的文章，有筋骨、有道德、有温度，更有学术传承的崇高价值。此次推出第一辑五卷，包括文物卷、考古卷、文化卷、建筑卷、史学卷。文物卷特请谢辰生先生为主编，透过王国维、傅增湘、朱家溍等诸位先生的笔端，撷取时光中的吉光片羽，欣赏人类宝贵的历史文化遗产；考古卷特请刘庆柱先生为主编，选取梁思永、董作宾、曾昭燏先生等诸位考古学家的作品，将历史与当下凝在笔端，化作一条纽带，让我们可以触摸时空的温度；文化卷特请冯骥才先生为主编，胡适、陈梦家、林语堂等诸位先生的笔锋所指之处，让内心深处发出自我叩问，于夜阑人静处回响；建筑卷特请吴良镛先生为主编，选取梁思成、林徽因、刘敦桢等诸位哲匠的作品，遍览亭台、楼榭、古城墙，感叹传统建筑工艺的"尺蠖规矩"；史学卷特请李学勤先生为主编，跟随梁启超、陈寅恪、傅斯年等诸位史学大家的笔尖游走在历史的长河中，来一番对悠悠岁月的探源。

需要说明的是，限于我们编辑的学识，加之时间紧促等缘故，遴选的文章未必尽如人意，编选体例未必尽符规律，编校质量未必毫无差错，但是谨慎、认真、细致与用心是我们编辑恪守的宗旨，故此敬请方家不吝指谬。

中国文史出版社

2018年4月16日

目 录

 一　总论

档案释名发凡

　　档案是研究历史的直接史料，因为它是未经过改纂而仍保存一件事真相的文书，所以历史家称它为直接史料，或称为历史的原料（档案本身亦有直接与间接不同之价值）。但历代史料流于今日者，档案一类绝少。盖古时公家文书，大抵编敕成书，始能传布。吾人今日在官私书目中所见者，如唐各朝实录，宋元丰广案，国朝会要，元经世大典，太常集礼稿等皆是，然已经过改纂过程而失掉原料的价值。虽然，上所谓经过改纂的史料，在今日仅能于书目中求之，其原书亦多已不传。明清两代的档案留于今日者尚夥，除明代者为晚年一部分外，有清一代者大都存留。属于中央政府的：内阁、军机处、宫中的奏事处、内务府等，是吾人欲研究清史材料方面的引用无疑的直接史料——档案——要尽量参考。然而参考档案的工作亦大非易事，每见阅者走进档案库里时，辄感到一部十七史从何读起的苦闷。其原因则为档案种类繁赜，名称复杂，卷帙缤纷，无由取材，此点在前人已有同感，匪独今人。如《枢垣记略》记军机处档案曰：

> 窃谓各部院案牍，皆书吏经手，司员寓目而已。惟枢廷义取慎密，有官而无吏，除每日发钞之折交方略馆供事缮写外，凡收发文移，登记档案，及奉寄旨并饬封存之件，皆章京亲自料简，其章程名目，传自前辈。虽以各部院能事之能员，新入其中，有不能骤解者。

观上文知当时已如此，何况事过境迁，虽然近来整理档案的机关，已经计划把它用科学的方法，分门别类，编制目录（故宫博物院文献馆有整理档案规程草案），但浩如烟海的档案，绝非短期所能成功，必须先有释名的工作，而使阅者依名检索，获得指南的便利。

上所述系为流传档案中的史料，先替学者作一部释名的工具书，但释名的意义，不仅为便于学者阅览而已。盖档案本身的历史亦值得研究，吾人倘能将各个档案的历史，都研究的很明白，则对一代典章制度考据，有时比参考会典及各部则例等书还要详明准确的多（会典与则例全系根据档案纂辑而成的）。现在我们把清代档案名称的历史，分三类研究：一袭古的，此一类内阁大库档案多属之。二因特设之机关而新创的，此类军机处档案多属之。三由满文而译为汉文的或译音的，此类内务府档案多属之。譬如内阁档案中之御屏京官册，其制远在唐代。《资治通鉴》卷一百九三：

　　唐太宗贞观二年，上曰：为朕养民者惟在都督刺史，朕尝疏其名于屏风，坐卧观之，得其在官善恶之迹，皆注于名，以备黜陟。县令尤为亲民，不可不择，乃今内外五品以上，各举堪为县令者以闻。

明代御屏则张于文华殿后，《日下旧闻考》卷七补遗引《大事纪要》：

　　万历二年十一月，阁臣张居正进御屏一座。中三扇绘天下疆域之图。左六扇列文官职名。右六扇列武官职名。用浮帖，以便更换，上命张于文华殿后。

清初即沿旧制，令御用监造御屏。见《康熙会典》卷二：

　　凡御屏，顺治二年令御用监制造送内院，内院移文吏、兵二部，开送内外大小文武官员职名填写。十三年照例移文吏、兵二部造册送院。

现内阁大库有顺治御屏京官册，即《康熙会典》中所谓造册送院之类。尚有光绪武官职衔单一种，糊以纸楔，可以悬挂，人名则用浮帖，与明代的御屏制度极近。若黄册之名，则见于《明史》。不过明代仅是关于赋役上于户部者谓之黄册。《明史·食货志·赋役》：

　　洪武十四年诏天下编赋役黄册……册凡四，一上户部，其三则布政司，府、县各存一焉。上户部者册面黄纸，故谓之黄册。

　　清代则凡属随本进呈之清册，皆称黄册。至于起居注、实录之制，唐宋已然，袭古自无疑义。军机处为清代所创，组织特殊，所以它的档案，立名亦多新异。如随手登记档，为谕旨及奏折之摘由登记簿，其所以名随手者，盖表示未可积压之意。清代故事，凡谕旨奏折，发下军机处例须逐件摘由登记于簿，然后录副存档，各件皆须当日缮写竣事，因是军机处档案，原本字体皆行草。随手档即当日之摘由登记簿。寄信档为记载谕旨簿之一，因为不是由内阁明发，而由军机处出名密寄，所以称曰寄信，外间称曰廷寄，言其寄自内廷之意。更有密记档一种，自档名观之，实不知所记述者为何物，但册中所记，皆为大员自行议罪银两已未交清的数目。考清史部降罚条有：罚俸例，由三月以至二年，其权操在吏部，款则由户部承追，与所记自议之事不同，自行议罪银两，系由军机处查催，款交内务府。此项银两实为皇室经费特别收入一项。但尚有值得注意者，在册中所记文件后，尝有"交密记处存"，或"交密记处领讫"字样，似当日尚有专门经理罚款的组织。此类档案实足以补订会典等书之阙，而为考证一代职官的重要史料。内务府本为皇帝的管家，组织庞杂，由总管大臣以至匠役，无一非满洲世仆，所以在它的档案里，关于满洲语及满洲的习惯，特别比其他档案表现的多，这也是当然的现象。如未盖印白本档、已盖印红本档、笔帖式档、苏拉饭银档、护军朱车值班档，我们把上述的档册内容翻阅一过，知道它所谓已未盖印的白本与红本，就是奏折与题本，笔帖式是满洲文书官名，苏拉是夫役，朱车又名堆拨，是护军住的房子。这在清文汇书里，都可以查得出来。

　　档案种类名称的解释，已如上述，略示一斑。但尚有两点亦为释名中重要部分，我们知道档案没有一种是能够单纯独立的。换言之，即各种档案造成的程序，各有相互的关系。现在试举内阁的红本、黄册、史书为例，它的关系是这样的，各部院陈报政务之文书曰部本，各省者曰通本，通称题本。部本、通本到内阁后，内阁大学士将本随同票拟谕旨进呈皇帝阅览，准或驳，均用朱笔批于本上，经批后，遂改称红本。清《光绪会典》卷二：

> 凡本省通本，有部本……票拟则缮签……若三签，若四签，皆备拟以候钦定，申以说帖，得旨则批本。每日进本，或照拟，或另降谕旨，或于原签内……奉旨应用何签，由批本处翰林、中书等批写清字，汉学士批写汉字，皆以朱书。乃发于六科，清汉字批写后，为红本。六科给事中赴阁恭领，随传钞于各衙门。

又案红本即题本，白本系奏本，以题本盖印，奏本不盖印，以示区别。如：内务府档案中有红白本档。是史书为红本之摘要，盖红本原文皆冗长，别录本中要语粘贴于后，以便检阅，谓之贴黄。制亦沿明。王士祯《居易录》载："崇祯元年从辅臣李国朱请，章奏仿古人贴黄之法，撮节要粘原本以进。"清代因之。《光绪会典·通政司》卷六九："别纸摘录本中要语粘于本之尾，曰贴黄。又案贴黄之制，不仅于本章，凡公文黄绫、黄纸、书便笺呈御览者，皆称贴黄。如《明会典》卷十一，吏部稽勋司贴黄：'每岁终稽勋司官吏，以除过官员，用黄纸二，开注脚色，类奏用宝，送印绶监分贴内外黄。'兵部亦有贴黄之制。若清代表文之前，皆用黄绫一小方，上书某表一通，即名贴黄。'题本以别纸撮要贴于本末，并非用黄，亦称贴黄者沿旧名也。'照录贴黄，分部编订成册，谓之史书。案史书本应全钞本章，《光绪会典》六九：'凡科钞，给事中亲接本于内阁，各分其正钞外钞而下于部。应书封驳则以闻，岁终则汇其本以纳于内阁，凡领本皆附以史书录书。'注云：红本发抄后，由科别录二通，供史官记注者曰史书，储科以备编纂者曰录书。皆校对钤印。史书送阁，录书存科。"《会典》仅云发钞红本，并未云照录贴黄，但今内阁大库所存史书，皆为贴黄摘要，由此知道红本为题本、通本的改称。黄册为题本的附件，史书为红本贴黄的汇钞。我们如果对于各种档案，都这样明了它的程序和相互的关系，则对于档案本身不同的价值，由此也可以判断。当引用材料时，更有相当的便利与准确矣。其次则为档案的内容的名词，也可以说是术语。如内阁漕粮黄册中，所谓行月，据《会典》载，即运漕官支领行粮、月粮的简称。皮脏即营马倒毙，出售皮脏缴回之银两。这样简短的术语，不加以考证，不视其内容，实无由晓其意义。军机处职居密勿，其档案章程名目，更有足考。《枢垣记略》载述一则，极详尽：

奏折发下军机处，章京分送各军机大臣互相翻阅，谓之接折。凡奉朱批另有旨，即有旨及未奉朱批者，皆另贮黄匣，交军机大臣捧入请旨，谓之见面。值日章京将本日所接奏折，所递片单，所奉谕旨，译悉分载。朱批敬谨全载，谕旨及折片，则摘叙事由。有应发内阁者，皆注明交字。应发兵部者，皆注明马递及里数，钉成巨册，以春夏二季为一本，秋冬二季为一本，谓之随手。凡缮写明发谕旨为各片单，用六行格子缮写，寄信传谕，用五行格子，每行二十字，谓之现递。其有字数过长者，急须缮递，则令一人于草稿中截定行款，分纸速写，谓之点扣。分写毕，仍糊而联之，谓之接扣。交达拉密复校后，贮于黄匣，送军机处大臣恭阅无讹，始付内监递进，谓之述旨。经朱笔改定者，谓之过朱。若先期预拟谕旨缮写后，封存于匣以备届期呈递者，谓之伏地扣。其恭遇巡幸，于首站呈递者，谓之下马递。凡随折谕旨交内阁汉票签，其不因奏请而特降者，交内阁满票签。寄信传谕，由马递者交兵部。有交各部院速议速办者，即专交各部院。皆使领者注明画押于簿中，谓之交发。凡抄折皆以方略馆供事，若系密行陈奏，及用寄信传谕之原折，或有朱批应慎密者，皆章京自抄。各折抄毕，各章京执正副二本，互相读校，即于副折面注明某人所奏某事及月日，交不交字样，谓之开面。值日章京，将本日所接各省原折，各归原函缴入内奏事处，谓之交折。凡本日所奉谕旨及所递片单，钞订成册，按日递添，按月一换，谓之清档。凡发交之折片，由内阁等交还，及汇存本处者，每日为一束，每半月为一包，谓之月折。

《枢垣记略》所记，对于检阅档案时实予以相当的便利。因为它的名词，在档案中时常以看见的，至于内务府档案内容的名词，有时非利用满文不可，有的宫中习用语，已见前述。现再举数例为证，如"阿哥"满文作皇子解。"夸尔达"满文即一处之首领。"拨什库"满文为八旗军级之一。其译汉则曰领催。光绪《会典·兵部·领催》注云："八旗骁骑营步军营兵之司档册俸饷者，为领催。""乌克甲"满文为八旗军级之一。译汉曰马甲，其字原作盔甲解。光绪《会典·马甲》注云："八旗骁骑营之兵为马甲。汉军藤牌即在马甲额内。又步军所辖守城门兵，亦有额设马甲。""鄂尔布"满文为八旗军级之一，无汉译，其字作马褂解，以鄂尔布为名者，乃穿马褂之兵也。光绪《会典·兵部·鄂尔布》注云：汉军骁骑舁鹿皮兵，为"鄂尔布"。习惯语如"上头"、"主子"，为宫中职事人员对皇帝及后妃的通称。"见起"为早朝引见臣工之义。"月例"，即"月俸"，亦即照例的月资。上列的名词，我们也有诠释的必要。档案如果经过前述的方法，作出一部完整的档案释名，我相信必能使国内外学者，对于档案史料，及其本身的价值，当更有深切的认识。

现在按前述的理由，归纳释名方法如下：

一、档案原存机关。

二、档案类别的解释，如档册类，奏疏类。

三、一种档案名词的解释，如档册类之上谕档，黄册，史书，寄信档等。奏疏类之题本，奏折等。

四、档案内容的习用名词，如黄册之行月、皮脏等。

我们本此方法，已曾搜集了若干名词及其解释，现尚不便发表，因为这类辞典式的工具书，必须作到相当完备的程度，始可问世。而兹事体大，欲早日观成，绝非一二人之力所能任。所以先据己见，撰此发凡，倘能引起同志，共策进行，实所企幸。（选自《文献论丛》，一九三六年）

根据我的倡议，引起了同道的响应，本人自己亦积极进行，积稿盈尺，尚未问世。惜在动乱中时有散失，损失最甚时，是在极"左"思潮，"文化大革命"期中，经过抄检，更遭浩劫，兹检残余，有内阁大库档案、军机处档案、奏事处档案、内务府档案。曾经写有专文发表者，有《清代实录考》、《起居注考》、《奏事处考》、《内务府考》、《批本处》等有关各机关职掌，及其档案论文。另有一篇《档案名称渊源初探》，现汇集各种档案释名问世，乃存其所仅存也。下所录者，属于军机处档案。作为首集。

档案释名编辑凡例

为了说明封建王朝的公文格式，在档案名前，举出档案内容一例以明之。在移录时，遇有另行，或由于尊崇封建统治者，抬高一格、二格书写之例，都照原式书写，以考见封建王朝等级制度，作为历史材料。

在清王朝时，有与邻邦往来关系，列有专档。当时是所谓天朝时代，在语汇上，是以宗主国自居。这种历史现象，在释名上，只介绍档案内容，不举档案原例。

这个释名工作，是专属军机处档案。四十年前，旧稿已有残缺，但主要档案大体尚备。其个别散佚者，不拟再补。后附另散内阁、内务府档案若干则，亦系检拾笔记之旧，均不求全求备。还是发凡起例之意。

在初拟释名工作，分为二类。第一释档册之名，第二释档案中名词术语。军机处档案释名，属于第一类。后附之件，属于第二类。

（选自《我在故宫七十年》）

故宫档案内容简单提要

内阁档案

起明朝永乐年间（十五世纪），讫清朝末年（一九一一年），前后五百余年。现存的明代档案数量较少，但其中有十分重要的档，如十五世纪永乐给西藏喇嘛的敕谕和有关西藏事务的档。还有明代舆图、明末农民起义事件等，还有明朝末年和满洲少数民族关系等档之类。

现存的内阁档案，以清朝的为最多，数量最大的是清王朝上报地方情况的题本（经过批示后称为红本），其内容有人事、军事、地方钱粮（经济）、刑事、建筑工程等，此外还有附件黄册，亦则是为修史而编辑成册的档簿和内阁办事机构——满本处、汉本处、蒙古本处等的档案。在这些档案里，有清朝初年和沙俄帝国往来的外交文书，其中有给俄法皇帝的信件（都是原件），是很重要的外事文书。此外还有记录清朝在关外活动的老满文木牌和满文老档（老档是重抄副本，原档已被运往台湾）。这些都是内阁档案的重要部分。

军机处档案

起十八世纪，至二十世纪初期，即清代雍正朝至宣统朝二百多年间封建王朝一切政治、军事、经济、外交、修建、水利等档案。种类分为两种：一是奏折副本，二是钞录的档册，在奏折副本中附有附件。这些档案反映清朝二百多年剥削人民、压迫人民具体罪证以及如何镇压农民起义的记载，重要的像太平天国革命和二百年中各省不断爆发的革命运动、边远地区少数民族起义运动等，以及帝国主义侵略我国的情形，有关档都全部在内。从一八六〇年以来，资本主义国家派驻中国外交官员向清朝政府提交的照会等文书，都是原件，附在奏折档里。还有重要的地图等。十八世纪以来和我国东南、西南、东北各邻国，如越南、缅甸、老挝、柬埔寨、印度等的关系。在一九〇三年日本帝国主义和沙俄帝国主义的日俄战争，在我国东北地区进行了作战，在军机处档案里有专档记载，名叫"东事档"。

宫中档案

起十七世纪五十年代，讫二十世纪三十年代（到溥仪出宫前）。重要档案有朱批奏折，是封建王朝各级统治机关和官员上报如何如何统治的档，经过皇帝用朱笔批示后，即成为对全国人民进行统治的根据。此外还有封建皇帝下达的朱谕。凡属于朱批、朱谕，每年终收到的机关或人，都要缴回，宫中的这类档案数量很大。此外则是宫中各处机构日常办理宫中生活等项事务的档。

内务府档案

起十七世纪五十年代，至二十世纪三十年代（载至溥仪出宫前），关于宫廷生活和封建皇粮庄子地租的记账、由宫廷直接控制各关口税卡收入的记账，还有各省额外进献银两、土产、果实等，以进贡方式送给皇帝享受的记载。此外则是为皇帝日常生活服务的事。

方略馆档案

起十八世纪的雍正朝。这种档案内容是关于镇压各地农民起义、各少数民族起义的记载。从十八世纪以来，西方资本主义国家帝国主义侵略我国的情形和所签订的不平等条约。此外还有清王朝和外国毗邻的国家，如缅甸、越南、老挝、尼泊尔等关系的记载，包括军事问题。方略馆曾利用档案编辑若干种方略，属于国内民族关系的如《平定两金川方略》，属于国际关系的如《筹办夷务始末》。现存档案除各种方略外，大部分是机关的事务性档案。编辑方略所依据的档案，是来源于军机处的档案。这个机构实际上是军机处的附属机关。

宗人府档案

宗人府是管理清朝皇族事务的衙门。在封建制度下，皇族不受当时的国家法律制约，属于皇族的问题都由宗人府处理。宗人府除皇族事务之外，另一个重要任务是编修宗族谱，名为"玉牒"。现存的宗人府档案数量较大。

实录

实录是编辑成书的档案，是在每个皇帝死后，将其统治时期内的一切文件，按年月排比，把所有的重要"上谕"和"奏折"，顺序选抄下来，称为实录。每个皇帝死后即成立实录馆，编成后缮写几份存在皇史宬等处。

起居注

在封建王朝制度下，有起居注官的组织。这些人是记录皇帝每天都做了什么事，按日记载，是日记性质的档案。内容是将有关制度、法令和官员的报告，简略地写下来。另外还有一种"内起居注"，属于皇帝宫中生活的记录。

清史馆档案

清史馆是民国为清王朝修史的机构，它的档案完全是继承沿袭清王朝时国史馆的一切。将清朝所修的"国史稿"改订为《清史稿》，这是我国几千年最后一部所谓正统的历史。

溥仪档案

一九二四年十一月，溥仪被驱逐出宫后逃往天津时企图复辟，勾结当日北洋军阀政府，勾结遗老，勾结帝国主义，最后和日本帝国主义勾结在一起，背叛祖国，成立伪满洲国。这批档案有溥仪居住天津张园时，同军阀、帝国主义勾结往来的信件。

端方档案

端方是清朝末年两江总督。档案内容是端方给清王朝的电报等，主要是为了维持即将灭亡的王朝统治，镇压革命运动。这批档案里包括不少有关辛亥革命的文件。此项档案本系端方个人的留稿，辛亥革命后其家属将其收藏的文物、书籍，连同这些档案一起出卖了。一九二六年，故宫从北京旧书商手中购入。

北洋军阀政府旧国会档案

这批档案是故宫从外面接收而来，反映了军阀统治时代以国会为手段，用假民主的方式对全国人民进行统治。档案中也暴露了军阀内部矛盾与黑暗。

（未刊稿，未注写作年月）

故宫档案旧名（重要部分）

内阁档案旧名

内阁在明清两代都是执掌全国事务的机构。在清代雍正朝设立军机处以后，代替了内阁的统治大权，于是内阁在实际上只能算作起形式作用的权力机关。但按照制度规定，例行文书的上报下达，仍然由内阁发出。通过最后一个王朝——清朝的档案，可以上溯几千年封建王朝的历史。在雍正设立军机处以前近百年内阁掌握实权时期的档案，还有重要的档文书，尤其是和沙俄的关系文件，都是俄文和满蒙文的原件，历史价值很重要。此外，还有不少重要的清初地图。清代内阁及其档案库，都是从明朝继承而来，因而在这里还有不少明代档案，像明代有关西藏地方的文件、明代末年与清朝关系的文件，以及明代的有关地图等，也都是十分重要的。内阁档案的种类和名称，大体如下：

制书、诏书、诰书、册文、诰命、敕命、敕谕、谕旨（以上是皇帝向下发布的文书）。

六曹章奏、六曹奏疏、六科史书（准备修史之用）。

红本、奏启、名笺、黄册、图（各省和大官员给皇帝的文书）。

内三院档案、典籍厅档案。

明代档案（有关西藏的档、东北地图）。

清末内阁改组后的档案：

通政司档案、吏部档案、承宣厅档案、制诰局档案、叙官局档案、统计局档案、印铸局档案。

内阁收存的盛京旧档：

满文老档（原件已被运往台湾，现存的系副本）、满文档簿、满文档、汉文档簿、汉文文件、满文木牌（清初在关外时用木牌记事，是木档案的一种）。

军机处档案旧名

军机处设于清代雍正朝，当时是为出兵西南的军事机构，后来一直保留，权力日大，形成一个执掌全国政治、军事、经济、外交各方面大权的机构。军机处档案种类极多，在清代档案中是极为重要的一种。它的档案有：

表章、地图、黄册、函劄。

外交照会（大部分是一八六〇年以后西方资本主义国家驻我国外交人员给清政府的照会）。

电报档（清朝末年各省给朝廷的来电）。

寄信档（军机处发出的皇帝谕旨）。

议覆档、上谕档。

安南档（同越南的关系）。

廓尔喀档（同廓尔喀的关系）。

东事档（一九〇三年日本、沙俄两帝国主义的日俄战争在我国东北交战的情况）。

林清档（嘉庆朝河南农民起义事）。

内务府档案旧档名（都是原名）

内务府是封建王朝管理皇室家务的机构，它有着与政府相同的办事机构，单位数量也是巨大的。

内务府上报给皇帝的文书和下达给有关单位的文书，档案名称有：

上谕、册文、题本、奏折、图、黄册、清单。

内务府汇钞的文书，档案名称有：

号簿、上传档、红本档、奏销档、奏折档、堂谕档、呈文档、行文档、来文档、杂录档。

内务府日行之事，档案名称有：

目录档、题奏稿、召见档、行移稿档、日记档、事简、略节、函电、杂单。

内务府收到各处来文及有关附件，档案名称有：

来文、清册、蓝册、图、单。

内务府收到三织造衙门缴存档案，名称有：

谕、奏稿、堂稿、来文、清册、护照、批回。

内务府所属七个办事机构档案：

广储司、都虞司、掌仪司、会计司、慎刑司、营造司、庆丰司。

内务府所属宫中机构档案：

造办处、鸟枪处、四执库、寿药房、太医院。

内务府所属三院办事机构档案：

上驷院、奉宸院、武备院。

内务府所属为皇帝演戏机构档案：

升平署事务档案、剧本。

宫中各处档案旧档名

宫中各处档案是由宫中各处汇集而来，类别复杂，大体有以下两项：

一、收藏的折单、清册和缴回的朱批奏折。

二、宫中各处日行事务档案。

属于第一项的有：

贡折、粮价单等、图、黄册、朱批谕旨等。

属于第二项的有：

敬事房档案，奏事处档案，批本处档案，景运门、侍卫处、银库等档案，膳房档案，端凝殿、懋勤殿、武英殿修书处、御书房档案。

宗人府档案旧档名

宗人府是管理清朝皇室家族事务的机关，它下面也有庞大机构和相当数量的档案。其中，还有一批记录皇室宗族系统的家谱，名叫"玉牒"。

宗人府档案有下列各项：

经历司档案、左司档案、右司档案、黄档房档案、玉牒。

清史馆档案

清史馆是旧民国在清朝旧有的国史馆基础上，进行编修清史，因将国史馆改名为清史馆。它的档案一部分是抄自内阁、军机处、内务府等机关的档案副本，其余则是该馆本身事务的档案。计有以下各项：

目录档、上谕档、奏事档、专案档、题奏档、报销档、各部咨送档、各旗咨送档、清史稿本。

（未刊稿，未标注写作年月）

清代接收明代档案

清代代替明王朝立国之后，对于明代末季记载有关满洲开国时之文书，视为忌讳。从明代万历晚期至天启、崇祯时，均不予保留，在修明史时，对此时期关外满洲事迹，忌讳颇多，清廷进关后，就后接管下明朝政府各部，征集旧日档案，不使其流传后世，天启、崇祯两朝之文书，尤视为重要。辛亥革命后，民国初年，曾将故宫中内阁大库旧档，大部售诸纸商，号称八千麻袋之多，残存其中的明代旧档亦有多件，三十年代，北京大学研究所国学门，整理当日教育部移交北京大学的小部分内阁大库档案，余曾参与整理，整理之后，从中得见一二明代旧档，如明补修的景泰帝实录稿本，即在其中。还有清初从兵部、礼部等衙门，收集有关档案目录四纸，题"各衙门交收明季天启、崇祯事迹"。当日曾移录如下：

各衙门交收明季天启崇祯事迹

兵部项下：

天启年卷一千七百四十二件，全卷六百八十三件，不全卷一千零五十九件。崇祯年卷二万一千七百六十一件，全卷九千零九十四件，不全卷一万二千六百六十七件。簿册一百五十六本，全九本，不全一百四十七本。

以上来文相符。

工部项下：

奏疏四本，科抄七件，与来文相符。

太仆寺项下：

天启崇祯年间刊就奏疏，遗稿一本，与来文相符。

内务府项下：

天启崇祯事迹书籍七百一十七本，全七百零七本，不全十本。

奏疏七十三件，全六十六件，不全七件。

礼部项下：

天启崇祯时事迹一千零四十二件，全六百三十九件，不全四百零三件。

簿册三十二本，全十九本，不全十三本。

鸿胪寺项下：

天启崇祯时事迹，钞录稿一本。

以上俱与来文相符。

兵部《邦政纪略书》一部，计十五本，此书存贮本部，现照定卫发遣。俟纂修时取交。

十二月十五日呈。

侍读学士　郑、马、多。

侍读　科、额。

典籍　钱、伊。

堂大学士　车、巴、伊、魏、李。

学士　常、塞、帅、岳、多、蔡、刘、王、张、章。

（选自《我在故宫七十年》）

二　清史类

整理满文老档记

满文老档，又称老满文档。老满文是区别后来加圈点，明析确定音义的满文。案老满文字创始于满族领袖努尔哈赤。在明代官文书中有写努尔哈齐者，亦有称速尔哈齐者。这是明代南方文人不习关外满族人语言口音之故。明代万历朝初期，满族尚无文字。其时满族已强大，努尔哈赤为其首。有建国之志。明万历二十七年，干支纪年岁在己亥，公历一五九九年从蒙古字脱胎而出。创制满文称为国书。努尔哈赤早年自认为金朝人之后裔，满文字又称创金书。万历四十四年努尔哈赤自称可汗，号称全国以天命二字纪年。虽建国号仍臣服于明朝廷。关于此点在号称大清统一全国后，已讳言之。明代人著书中涉及引者，则为禁书或罹大狱罪及死者。但在今日仍可在内蒙古达拉特旗美岱召庙门石额，大明全国建字样，并实未异铲削事也。

天命十一年七月，努尔哈赤死。其子皇太极继位可汗，年号天聪。时为天启七年（一六二七年）。天聪可汗沿袭历代王朝史馆之制。为努尔哈赤编纂一部有图画，有文字记录其父奸国事迹。题曰满洲实录。天聪十年四月，满族贵族内外诸王贝勒上书称尊号，改国号曰大清。去可汗之称，即皇帝位改元崇德。随之将努尔哈赤满洲带图实录，图画撤去，将词句整饬更美好的词句，纂成大清太祖承天广运圣德功肇化纪极仁孝武皇帝实录。用汉字缮写。这是清代第一部按照历史上传统，给死去的正统帝王编纂实录的体裁。因此不附加图画。清初编纂成的武皇帝实录汉字原本，是用类似关内泾榜纸画朱丝栏，明人正楷汉字书写。在北京清代内阁大库中，与老满文档同储一处。检武皇帝实录卷二记创满洲字曰：

> 己亥二月，太祖欲以蒙古字编成国语，榜识厄德溺刚盖曰：我等习蒙古字，始知蒙古语。若以我国语编创译书，我等实不能。太祖曰：汉人念汉字，学与不学亦皆知我国之言，写蒙古之字则不习蒙古语者不能知矣。何汝等以本国语言编字为难，以习他国之言为易耶。刚直厄尔德溺对曰：以我国之言编成文字最善，但因翻编成句，吾等不能故难耳。太祖曰，写阿字下合一妈字，此非阿妈乎（阿妈父也），厄字下合一胍字，此非厄胍乎？阿胍母也。吾意决矣。尔等试写可也。于是自将蒙古字编成国语颁行。满洲文字自太祖始。

天聪六年十二月，清太祖皇太极以满字十二字头向无圈点，上下字雷同无别，命巴克什达海酬加卷点以分析之。经此翻以圈点确定音义，使满字读音译义无混淆之虞。自兹以后无圈点满文逐成古文字。一九三〇年故宫博物院文献馆清理清代内阁大库时，发现满文老档，初见三十二册。其后又续见五册。这些旧档大抵是清代入关后，坐朝明代宫殿，在顺治康熙两朝重修太祖实录，编纂续修太宗实录时，由沈阳故宫移存北京皇宫内阁库房中者。乾隆四十三年间，曾重录老档二部。另外缮写加圈点满字者二部，共一百零四函，七百二十册。分藏盛京及北京两地。老满文原档，则庋藏北京内阁大库实录库柜中。老档原本满字在乾隆时已不能全部认识。重钞时曾从带图的满洲实录，摘出若干旧语参考识别，而亦未能全部认清。因之与老档并存一处者，尚有实录内摘出若干旧语一本档子。

老档原本多写在明代末季，给管辖关外的大小衙门公文正面压在汉字之上。原正面明朝所写的汉字事项犹存。似与清代进关后，有满汉合璧之文件相类。而所记之事不同。盖合璧文件是满字在左，清人在关外少纸，势力占有今辽宁省一带后，明代官署大量公文档案，遂为其当做废物利用耳。亦有用从朝鲜进来笺书写者。当努尔哈赤称全国之际，与朝鲜有往来。在沈阳旧档中曾有一附入金国朝鲜人名叫崔鸣吉者，有以大小好纸为贡的文书一件。

老档原件长短不一，长者有六十一厘米，短者亦不一致。每本档厚薄均不相同，厚者有五百页，薄者仅九页。其中一册附有汉字。读其汉字知为与明人战争记录之册，译名有选录档、记录档、分配兵丁档等，记录时间起于努尔哈赤称天命前数年，晚者为皇太极天聪四五年间。其中时加杂蒙古字，盖均为皇太极天命六年在满文字加圈点之前者也。档中除有天命天聪年号外，时有写受，当时我们译其音为ㄐㄧㄚㄐㄣ，遂附会猜测为明代嘉靖年号。又有×ㄚˊ—洼力，我们又附会为明万历。后来经奉宽教授指示曰：ˊ之音在老满文字应译为木偶。否误认嘉靖之字。应释为何义，今已忘之矣。原北京故宫所藏老满文档在四十年前，已移存台湾省。近闻台湾省学者已将满文老档译出，闻之欣喜。满洲开国史的最珍贵史料，能全部译出，是对史学界的一大贡献。

在故宫博物院文献馆，发见满文老档时，曾请北京大学兼燕京大学教授奉宽先生，和清室原镶黄旗印务参领齐增桂先生指导整理老档，奉宽教授蒙古族，世居北京，冠汉姓为鲍。精通满蒙文字及梵文，是著名的史学家。齐增桂先生为满洲世家，清末年任镶黄旗都统衙门印务考领。其职务相当都统衙门秘书长。此外还有蒙族张玉全先生，其家操汉蒙商业。交易往来于北京外馆与蒙古库伦之间。张先生幼时就学于清朝八旗学堂，习汉文满文蒙文。对老满文蒙文唐古忒文均有所知。写有老档文档文章数篇，曾刊于故宫文献论丛中。台湾学才所译老满文档，三十年代接触此档时的上述三位先生，已早归道山。已无缘再见全译本。个人年亦老，其盼在有生之年能见到台湾学者所译之本斯为幸矣。

在民国七年（一九一八年），满洲著名学才金梁息侯先生，曾将沈阳故宫崇谟阁重钞本老档，择要翻译为汉文，名曰《满洲老档秘录》。研究清开国史者言，金氏刊行之件，非全出于老档中。有与东华录校阅而录入者。早年研究清代历史的日本学者稻叶君山撰清朝全史时，认为乾隆年间重钞本存于盛京之老档，为研究清代史第一位史料，在北京故宫中所藏之老档原本，日本学者固未之见也。

内阁大库中除发见满文老档外，还检出满文木牌数枚，与赐佟延敕书一卷，是努尔哈赤称金国汗时旧物。案北京故宫藏皇太极清太宗天聪年旧档有多件，写天命年的仅此一件。此一敕写天命金国汗，署年天命丙寅六月二日。原敕写在黄色绢上，左半绢书无圈点老满文，右半绢写汉字。又是一件最早的汉满字合璧书写。案清代进关后，大约从康熙雍正朝文件大都为满汉合璧之字。而在天命时，即有此例实为清代开国史料之孤本。汉字所写敕书语汇均袭用明代语，如奉天承运云云。满字则直书汗曰尔佟延云云。

敕书所写丙寅年，即明熹宗天启六年。在满字六月旁加写 ，是闰字。考明天启六年实为闰六月。努尔哈赤颁发敕书时，似尚未见到明代历书。后来在天聪时，在满字旁加圈点正音正义之后始加闰字。此旧档有老满文，加圈点满汉文，亦属满清历史档案中之孤例也。

前页曾介绍内阁大库所藏汉字武皇帝实录，在一九三七年日本侵略我国制造卢沟桥事变之前，北京大学孟森教授与上海大东书局董康经理，著名的古书收藏家版本学家，协商影印此书。由于当日发现此部实录后，故宫文献馆曾用铅字刊出小型本。但其中排版讹错之处甚多，因之计划按照原本影印。记忆已打出样张，未正式出版，卢沟桥事变，抗战开始。孟森教授是年亦病逝北平。此后即不知武皇帝实录，是在北京或在上海，数十年来下落不明。若毁于炮火则不可复见，惜哉。

注：写于一九三一年，于一九九一年订补，文中老满文是以早年残手稿为依，整理中未免有错。

（选自《我在故宫七十年》）

整理清代实录记

实录为封建皇帝死后，由继承帝位的儿子命史官编辑死去皇帝的生平事迹以告后世根据的材料，是前皇帝在位时所留下的有关政治活动的文书档案。其中包括诏令、奏议和每日记录皇帝活动的起居注，从中取材主要事迹，按年月排比成书，是我国编年体裁的史料书。由于是号称"据事直书，不加褒贬"，所以名为"实录"。在书修成后，给死去的皇帝冠以谥号，即某祖、某宗。以清代为例，如康熙皇帝谥为"圣祖仁皇帝"，乾隆皇帝谥为"高宗纯皇帝"之类。考之旧籍，在唐朝私人记其父祖生前事迹，亦可称为实录，如唐朝人李习之曾著有《皇祖实录》一书。大约在唐以后，实录一名逐渐为王朝皇帝专用了。

在我国史籍《隋书》、《唐书》经籍志中，可以见到著录历代皇帝的实录。《唐书》著录尤多。在《唐书》里并称《唐高宗实录》为"初敬播所撰信而详"，以证明其据事直书。此后历代史书的艺文志里，大都著录各朝实录，但原书多已不传，只有少数分散著录于各种丛书中。今天我们能见到的清代以前王朝较完整的实录，只有明代一朝的传钞本，其原修本亦未之见。明代实录在一九四〇年左右已据南京图书馆所藏的传钞本影印出版。在北京图书馆亦藏有一部完整的传钞本。按明王朝定例，历朝实录在修成后，其稿本则焚于蕉园。这个地点就在北京太液池金鳌玉蛛桥之南畔。正本留在宫中和皇史宬。所以实录初稿本，则无从得见。但在明清故宫内阁大库档案中，却存有明代景泰皇帝实录稿本零散册。按明代自从正统皇帝复辟，景泰帝即废为郕王，死后不以一代皇帝视之，不葬入昌平陵区天寿山，别葬京西金山，亦不纂修实录。到成化朝始复称帝号。当日有沈鲤一朝臣，上书请修景泰皇帝实录，奉旨回答是"着候纂修"（见《古夫亭杂录》）。景泰实录大约即在这时补修的。此外，还有明宣宗实录底稿、明世宗实录底稿残本。明代既定制各朝实录修成后的稿本，均应在蕉园焚毁，而景泰、宣宗、世宗实录稿本却残存在内阁大库明代档案中。一九三三年我在北京大学研究所国学门整理明清档案时，得见此孑遗，为之欣喜。历史故事，在前朝灭亡后，后继之王朝必为前朝修史，材料所取资则为前朝档案、文书，包括起居注、实录等。史书修成所利用之史料，大都销毁。在清朝却保留了传钞本的明代实录。清代焚毁明代人著作，列为禁书者达数千种，而明代历朝实录则未大肆征集付之丙丁。当然，对明末万历、天启、崇祯三朝有关清初关外记载，则有所忌讳。而在清代入关后还用满文大量翻译明代实录，在北京大学所藏清代内阁档案中，有用满文翻译明代实录记录档案二册，内容是翻译明代洪武、永乐、洪熙、宣德、正统、景泰、天顺、成化各时代实录。清顺治三年，还曾翻译过《洪武宝训》（见

《顺治东华录》）。清朝翻译前朝皇帝的宝训及实录，当然是为了借鉴，为本朝统治的资治，此后并学习编修宝训（改称"圣训"）和实录的制度。据《顺治实录》载：顺治十二年四月癸未谕太祖武皇帝创业垂统、太宗文皇帝积功累仁……实录业已告成。朕欲仿《贞观政要》、《洪武宝训》等书，分类采辑，汇成一编……称为"太祖圣训"、"太宗圣训"。清朝在统一全国后，一切典章制度大都沿袭明代的。清代所修各朝实录，其初稿虽亦规定循明朝之例焚稿蕉园，但在清朝国史馆中却留有几种不同形式的副本。辛亥革命后，民国政府将清代国史馆改称清史馆，纂修《清史》，即世称连同目录在内一百三十一本的关内本清史稿。原来清朝在未统一全国还在东北地区称"汗"时期，也修过实录。这就是皇太极（清太宗）天聪九年曾为其父努尔哈赤（清太祖）编纂一部有图有文记录开国事迹和其他事迹的实录，题名《满洲实录》。在进关统一全国后，才改修太祖实录。这个绘图本实录，在乾隆年间庋藏在紫禁城乾清宫中。乾隆皇帝曾制副本两部，一部存在宫中上书房，另一部存在盛京（辽宁）故宫崇谟阁。以前辽宁图书馆根据崇谟阁本影印流传于世。至于天聪年间的初绘本，则不知流落何处，估计在嘉庆二年乾清宫失火时烧毁。

从隋唐以来，历代王朝皇帝实录未闻有带图画者，后来清代各朝实录，亦无再有画图之本。而天聪年间绘图本，原来只题满洲实录，亦未称太祖实录。至于努尔哈赤的正式实录的编修，是在皇太极（清太宗）崇德元年将满洲实录中的图画撤去，整饬文字，改编成为太祖武皇帝实录，用榜纸画朱丝栏，墨书，黄色丝绸包装成册，旧藏清代实录库。一九三〇年，故宫博物院清理内阁大库档案时，发现此本于实录库柜中，曾用铅字排印小册出版，由于校对不清，错误讹夺之处甚夥。一九三七年前一二年，北京大学历史系教授兼故宫博物院文献馆专门委员孟森先生，曾建议照原式影印此书，当时与上海大东书局董事长目录版本学家董康商定，由大东书局承印。其时笔者在故宫工作，又是孟森教授的研究生，有幸参与其事，曾经摄影预制样张，未蒇全功。日本军国主义者发动卢沟桥事变，原书去处现亦不详。康熙二十二年重修努尔哈赤实录时，不称武皇帝，改谥为高皇帝，雍正十二年对实录内容加以校改，乾隆五十年又一次修订，清太祖努尔哈赤实录算是最后定稿。总计努尔哈赤实录有五种：第一种为天聪九年绘图本满洲实录；第二种为崇德元年撤去图画谥为武皇帝本；第三种为康熙二十二年重修改谥为高皇帝本；第四种为雍正十二年校改本；第五种为乾隆五十年最后本。

其后历朝实录纂修经过如下：

清太宗（皇太极）实录，于顺治九年初修，康熙十二年校改，雍正十二年再校改，共修订三次。

清世祖（福临）实录，于康熙六年初修，雍正十二年校改，共修二次。

太祖、太宗、世祖三朝实录初纂本，从前均存在内阁大库的实录库中。太祖实录初纂本签题《太祖武皇帝实录》，书中首行题"大清太祖承天广运圣德神功肇纪立极仁孝武皇帝实录"。太祖改称高皇帝实录首行题"大清太祖承天广运圣德神功肇纪立极仁孝睿武端毅钦安弘文定业高皇帝实录"。太宗实录首行题"大清太宗应天兴国弘德彰武宽温仁圣睿孝文皇帝实录"。世祖实录首行题"大清世祖体天隆运英睿钦文大德弘功至仁纯孝章皇帝实录"。前三朝实录卷首均有序文，以后各朝实录纂成后，均由继位之子撰一序文冠于卷首，成为定例。

清圣祖（玄烨）实录，于雍正元年开馆修，首行题"大清圣祖合天弘运文武睿哲恭俭宽裕孝敬诚信中和功德大成仁皇帝实录"。

清世宗（胤禛）实录，于雍正十三年十月开馆修（胤禛死后乾隆继位尚未改元），首行题"大清世宗敬天昌运建中表正文武英明宽仁信毅大孝至诚宪皇帝实录"。

清高宗（弘历）实录，于嘉庆四年开馆修，首行题"大清高宗法天隆运至诚先觉体元立极敷文奋武孝慈神圣纯皇帝实录"。

清仁宗（颙琰）实录，于嘉庆二十五年开馆修（颙琰死后道光即位尚未改元），首行题"大清仁宗受天兴运敷化绥猷崇文经武孝恭勤俭端敏英哲睿皇帝实录"。

清宣宗（旻宁）实录，于道光卅年开馆修（咸丰即位尚未改元），首行题"大清宣宗效天符运立中体正至文圣武智勇仁慈俭勤孝敏成皇帝实录"。

清文宗（奕詝）实录，于咸丰十一年开馆修（同治即位尚未改元），首行题"大清文宗协天翊运执中垂谟懋德振武圣孝渊恭端仁宽敏显皇帝实录"。

清穆宗（载淳）实录，于光绪元年开馆修，首行题"大清穆宗征天开运受中居正保大定功圣智诚孝信敏恭宽毅皇帝实录"。

清德宗（载湉）实录，于宣统元年开馆修，首行题"大清德宗同天崇运大中至正经文律武仁孝睿智端俭宽勤景皇帝实录"。

清朝最后的皇帝宣统（溥仪）在辛亥革命时为人民打倒退位，成立中华民国，封建王朝制度最后告终，因之宣统无实录。在溥仪统治全国人民两年多的时间内，有人为之编纂大政记行世。辛亥革命后，溥仪仍居住在皇宫后半部，日后再迁居颐和园，此事载在"优待条件"内。但在一九一六年，溥仪却在皇宫中闹了复辟一事，人民极为愤慨。到一九二四年十一月，在人民的呼声下将溥仪逐出皇宫，成立了清室善后委员会，清点故宫文物。一九二五年十月，正式成立了故宫博物院。

在清点文物工作中，在乾清宫查到小红绫本清代历朝实录。案清代故事，在乾清宫庋藏历朝实录是清王朝典制。乾清宫本为皇帝寝宫，庋藏祖先实录有寓"敬天法祖"之意。内阁有实录库，是专收藏实录之库房，有小红绫本，有小黄绫本各一部。在皇史宬和沈阳故宫各藏一部蝴蝶装的大红绫本。实录库中的小黄绫本是实录修成后又加小改的稿本。原来实录纂修馆在修实录时，随时缮写分卷进呈皇帝审核，若有改动，则在本上粘贴小黄签。实录馆再根据黄签所写更改之处进行修改，然后即分缮大小黄红绫本的正本实录。内阁实录库官员习称有小黄签的小黄绫本为副本。

案清代制度，内阁每日必须将前朝实录送呈皇帝阅读一二卷，以示效法祖宗。实录分卷页数都极少，为了便于皇帝阅览。每日送呈皇帝阅览的实录，即实录库收藏的小红绫本。清代修定实录后，照例用满、蒙、汉文分别缮写三部，正本用安徽泾县榜纸，画朱丝栏，墨笔恭写楷字；存在国史馆的副本，则用东昌粗纸印蓝格，墨笔书写，有长形本、方形本两种，是为修史之用。

清代国史馆在顺治时属国史院，康熙二十九年纂修三朝国史，始设三朝国史馆。乾隆元年续修国史，乾隆十四年五朝本纪成书。乾隆三十年又重开国史馆，地点在紫禁城东华门内迤北，此后即成为有清一代的国史馆。辛亥革命后，旧民国政府即就其地改称清史馆，连同目录一百三十一本的号称关内的《清史稿》，清朝遗老即聚集于此而修成的。

往读史书，在《唐书》中著录唐高宗实录，称其实录信而详，据事直书，堪称实录。检清代前四朝实录，曾一再修改并润色词藻。案清代原为我国东北少数民族，长期拥有地方政权，臣服于明，传到清太祖努尔哈赤时，声势渐强大，有南图大业之志，迁政权区于沈阳，并兴建具有象征都市规模之建筑。现在辽宁沈阳的清代故宫即权舆于此。明万历朝努尔哈赤死，其子皇太极继汗位，在天聪九年曾为努尔哈赤编纂实录，即前所称的满洲实录。崇德元年修订太祖武皇帝实录。由于不娴熟汉文，对皇帝尊严的语汇词藻朴实，因此后来屡加修饰，并有讳事实不使见之实录。过去故宫文献馆曾集体将旧本与改本进行校勘，并参考满文老档，由方更生先生执笔，根据校勘资料写出《清代实录纂修考》一文，发表在《辅仁学志》上，现在从方文中移录数例于下：

旧本写：太祖欲以女莽姑姬与孟革卜卤为妻，放还其国。适孟革卜卤私通嫔御，又与刚盖通谋欲篡位。事泄，将孟革卜卤与通奸女俱伏诛。辛丑年正月，太祖将莽姑姬公主与孟革卜卤子吴儿代为妻。

改本写：其后上欲释孟格布禄归国，适孟格布禄与我国大臣噶盖谋逆，事泄，俱伏诛。辛丑春正月庚子朔，上以妻吴尔古代。

旧本写：天命十年六月廿七日，大明毛文龙三百兵夜入耀州南荞麦街，至官屯方欲跃墙，时屯中未及准备，有青加努妻先执刀与那卖土二人妻内竖车辕为首登墙截杀其兵，敌人遂坠墙惊走。有守耀州总兵杨古里领兵尽追杀之。帝闻而奇之，乃宣至，赐青加奴那代妻备御之职，以金帛牛马列等重赏之。其名至此播扬于国中。

改本写：明将毛文龙兵三百人夜入耀州南之荞麦街地，至官屯寨，方逾墙入，总兵杨古里率兵击走之。

旧本写：天命十一年帝崩后，帝后原系夜里国主杨机奴贝勒女，崩后复立兀喇国满太贝勒女为后，饶丰姿，然心怀忌妒，每致帝不悦。虽有机变，终为帝之明所致，留之恐为国乱，预言于诸王曰：俟吾终必令殉之。诸王以帝遗言告后，后支吾不从。诸王曰：帝有命，虽欲不从，不可得也。后遂礼服尽以珠宝饰之，哀谓诸王曰：吾十二岁侍先帝，丰衣美食，已二十六年。吾不忍心离，故相从地下。吾二子多尔哄、多躲，当恩养之。诸王泣对曰：二幼弟等若不恩养，是无父也，岂有不恩养之理。于是后于十二日辛亥刻自尽，寿三十七……

改本写：先是孝慈皇后崩后，立兀喇国贝勒满太女为大妃，辛亥辰刻，大妃以身殉焉。

以上三则都已删繁就简，掩饰真相，其史料价值已远逊旧本。以上本文所述各种实录本子，过去均由故宫博物院文献馆收藏，大都完整，间有缺佚。紫禁城外皇史宬所藏蝴蝶装大红绫本，残佚较多。一九○○年八国联军之事皇史宬亦遭掠夺。"九一八"日本帝国主义侵略我国时，故宫文物包括图书档案，一度南迁，后来运回北京已非全数。内阁旧藏小红绫本实录，很早即拨交国民党政府文官处，据传早已流落散失。现在北京所有清朝实录，均归中国第一历史档案馆收藏。

清代乾隆年间，有蒋良骐者，供职史馆，利用国史馆资料，大体以历朝实录副本为主，旁及内阁大库档案，编辑了一部名叫《东华录》的书，其内容是沿袭明代传钞各朝实录的故事。由于内阁和清国史馆均在东华门内，清代朝臣入朝至内阁至史馆出入皆经东华门，取名《东华录》胥由于此。同时，清代规定实录、圣训皆属石室金匮之藏。但圣训则可昭示全国，其事始于乾隆朝，实录外人则不能窥见。蒋氏取名"东华"，亦寓避传钞实录之嫌。据蒋氏自叙曰：

> 乾隆三十年十月，重开国史馆于东华门内稍北，骐以谫陋，滥竽纂修。天拟管窥，事凭珠记。谨案馆例，凡私家著述，但考爵里，不采事实，惟以实录、红本及各种官修之书为主，遇阁分列传事迹及朝章国典兵礼大政，与列传有关合者，则以片纸录之，以备遗忘。信笔摘钞，逐年编载，只期鳞次栉比，遂觉缕析条分，积之既久，竟成卷轴，得若干卷云。

按蒋氏《东华录》起清太祖天命年至清世宗雍正朝止，凡五朝。到了清代光绪年间，王先谦氏又续编写，从清高宗乾隆至清穆宗同治朝。王先谦续编时曾在道光朝之后写一跋文附之：

> ……前见蒋良骐《东华录》，纂自开国以来迄于雍正，颇具条理。乾隆以后，未闻续撰。若《皇朝武功纪盛》、《圣武记》、

《啸亭杂录》诸书，于乾隆朝事实多所采摭，至徽猷鸿诰之垂贻、典章文物之富美，六十年中，灿若星列，掇拾舛漏，咸所不免。自非年经月纬难可寻究，考之往代，以本朝国史编年创自宋司马光《稽古录》，厥后作者约数十家，李焘《续资治通鉴长编》明郑晓吾学编史裁特备，而宋林駧《皇鉴笺要》取宝训实录、国朝会要为注，固知国史官书咸资采录，体例斯存亦载笔之柯则也。伏读乾隆二年五月上谕曰：向来列祖实录圣训告成之后，皆藏之金匮石室，廷臣罕得见者。朕思列祖圣训谟烈昭垂，不独贻谋于子孙，亦且示训于臣庶，自应刊刻颁示，俾人人知所法守，用是有刊五朝圣训之命，若乃方略、则例悉载丝纶，寄谕朱批并得宣示。仰见圣人示寰海以大公，开臣庶之蒙惑……臣备员词曹编摩史馆，亦颇究心当世之务，痛斯民无知与所报上德之未至，仰体大圣人公天下之心，远追前代李、郑述作，近接蒋氏当日所录，凡登载谕旨，恭辑圣训，方略，编排月日，稽合本纪、实录于制度沿革，纂会典于军务奏折，取方略兼载御制诗文，旁稽大臣列传，成《东华续录》一百二十卷。乾隆一朝政要大略具存，不揣冒昧，敬登梨枣……嘉庆而下稿本粗具，雍正以前视蒋氏加详，将以次刊行焉。时在光绪五年，岁次己卯秋八月。

光绪实录自宣统元年开馆修至民国初年成书。在民国年间，有朱寿朋氏仿蒋、王两氏之例，又续编《光绪东华录》。

案王氏《东华续录》在光绪十年由广百宋斋为之刊行，王氏并写序文一篇，皆谀颂之词，不录于篇。根据蒋、王两氏《东华录》，取材都来自实录兼及内阁档案。乾隆二年五月上谕、历朝圣训可印行公之于世，实录则仍为石室金匮之藏，外人不能窥见，而史人馆员如蒋、王两人摘钞实录则未之禁。约在一九三四年间，士元曾与孟心史师（孟森教授）以《东华录》校对实录得知蒋、王均对实录有所取舍选择而成，大体采入者多当日钩稽所得。积稿盈尺，未尽全功。心史师于一九三七年亦归道山。随着岁月流逝，个人所存旧稿也早已散佚无存了。

注：此稿系笔者一九三四年整理实录时所记的劄记，缀成一篇。由于时日已久，当时整理记述舛误疏漏之处在所难免，请读者指正。

北京大学历史系孟森教授在指导清代实录与《东华录》互校时有关的亲笔信：

士元同学鉴，近日欲查雍正七年实录，解决一二疑问，此书应向何处借阅，在图书馆抑他处，阅时携东华录一册有无妨碍，盼示悉，即问撰祉。

森，五月十九日。

（选自《故宫博物院院刊》一九八四年三期）

清帝起居注

封建王朝设有起居注制度，起自古代右史记言、左史记事之制。其内容实质，是反映统治阶级对被统治阶级压迫剥削的政策、言行的写实记录。见于隋唐史志中，有《汉武帝禁中起居注》，以及汉晋以来的历朝起居注，但原书均已不得传。惟《大唐创业起居注》，辗转传钞保留在丛书中。

清帝起居注，沿袭明代制度，在朱元璋未正式建立明朝之先，即设立起居注，以宋濂、魏观任其事，但不久即废。历弘治、嘉靖两朝，又屡置屡废，至明末万历时再置，遂为定例，并载入会典。而在明亡之后，遗物无存。清修明史在艺文志中，亦无一卷一册之记载。

清代自一六四四年福临（顺治）由东北入关，统治了全国，一切政治规模大都沿袭明旧。在福临当朝时，其叔父多尔衮摄政，一切专主，俨然帝王。当日亦有史臣载笔记事。清内阁大库档有一小册，每日记录多尔衮摄政事，后署记注人之衔名，即清代起居注之早期形式。当时归顺清朝的明朝旧臣亦视多尔衮为皇帝身份而置此册。一九三四年余曾撰一小序刊行，作为旧故宫刊物之一，叙文内容曰：

> "多尔衮摄政日记"，为清内阁大库旧物，宣统间清理库档流落于外，后归宝应刘氏食旧德斋，原册起五月二十九日，迄七月初九日而不纪年。兹因中有闰六月，检勘历书及实录，知为顺治二年事。原书初无名称，每日记事后均书记者衔名，与清代起居注体例略同，故刘氏于其所录副册，题曰："摄政王多尔衮起居注考"。清代起居注，康熙间始置馆，当时尚无其制，今刘氏嘱由本院刊行，爰改题曰《多尔衮摄政日记》。

是书所记之事及所使用语汇均朴实无华，为当时当日对话口吻，与后来起居注修词藻者不同，真是头等原始史料，如五月二十九日记剃头一事：

> 五月二十九日
>
> 大学士等入见，户部官启事毕，王上曰：近览章奏，屡以剃头一事引礼乐制度为言，甚属不伦。本朝何尝无礼乐制度，今不遵本朝制度，必欲从明朝制度，是诚何心？若云身体发肤，受之父母，不敢毁伤，犹自有理。若谆谆言礼乐制度，此不通之说，予一向怜爱群臣，听其自便，不愿剃头者不强；今既纷纷如此说，便该传旨叫官民尽皆剃头。大学士等启言：王上一向怜爱臣民，尽皆感仰，

况指日江南混一，还望王上宽容。

上段日记反映十七世纪五十年代在我国多民族的国家中少数民族——满族统治全国初期，民族矛盾阶级压迫在剃头一事的具体事件，在当日是这样处理的。明末清初人所撰述的多种笔记，如《痛史》中著录之书，由于拒不剃头而致死者，俱由多尔衮所宣布官民尽皆剃头的政策而出。

清代正式设立起居注馆始于康熙九年，最早的一本起居注为康熙十年九月，记注官为折库纳。当日所规定的记注官侍值与记注体例内容为：记注官侍值分朝会，御经筵，临雍①、耕藉②、祭祀、谒陵③等，朝会除常朝外，则为三大节（元旦、万寿、冬至节）、传胪④及燕外藩等，起居注官皆侍立于御座旁东向。《康熙会典》规定如下：

凡记注官侍班，遇皇上御门听政⑤，各衙门官员奏事时，记注官立于西阶上廊柱旁。康熙十八年谕内阁，启奏折本⑥时，记注官亦令侍班，又题准启奏折本时，记注官较常立处，少近前立，以便详听九卿⑦、詹事⑧、科道启奏会议事，亦近前侍班。如内阁官启奏则立于隔扇外之右，在殿内室则立内隔扇之西。皇上御瀛台听政，记注官立于阶下，启奏折本时，亦于阶下少近前立。皇上升殿、视朝、赐宴、赐食，记注官列于

---

① 临雍：皇帝到辟雍（孔庙旁的太学）视学。

② 耕藉：春耕时皇帝表示参加农业劳动，在先农坛推三下，举行这样的仪式。

③ 谒陵：拜谒祖陵。

④ 传胪：科举时代殿试唱名，公布名单。

⑤ 御门听政：清代有御门听政仪式，即在大朝门处理常朝事。

⑥ 折本：臣下所上的本章一时不能决定办法，折一记号在本章上，在御门听政时核定。

⑦ 九卿：为吏部、户部、礼部、兵部、刑部、工部，加上左都御史、通政使司通政使、大理寺卿。

⑧ 詹事：为东宫之官，东宫在旧史中指太子。

右翼一等侍卫等一班之末。凡有事坛庙、谒陵、耕藉、视学、大阅校射、迎劳①凯旋及驻跸②南苑、巡幸③、搜狩④，记注官皆扈从⑤。皇上御保和殿视祝版⑥，记注官侍班立于殿门外之西，一等侍卫之末。经筵、文武殿试、读卷皆侍班。凡外藩王公台吉⑦等及直省督抚⑧、提镇⑨等朝见、陛辞、赐宴、赐食，该衙门知会记注馆直官侍班记。

检雍正以下各朝会典所载虽繁简不同，而规制则无差别，再据私人著作《香祖笔记》载朝仪规制：

本朝朝仪，大驾日驾出乾清门至保和殿稍驻，大学士、学士、都察院左都御史⑩以下，堂上、翰林、起居注官，于保和殿门外行三跪九叩礼，先行自甬道入太和殿后门，出立檐下，内阁东立西向，都察院西立东向，然后驾至太和殿升座，惟起居注班殿内在诸王之后，亦儒臣之极荣也。

起居注官虽应随时出班记事，但事关机密或会议事件及召诸臣出班口谕事宜，仍不能参与。由此可知封建王朝的起居注制度，并非"君举必书"，号称直笔，如康熙十八年九月起居注中载玄烨一谕：

二十二日谕旨，朕每日听政时，起居注官除照常记注外，其一

---

① 迎劳：大将出征得胜归来，皇帝亲到郊区迎接慰问。

② 驻跸：古代皇帝出禁入跸，皇帝在宫外各地留宿名为驻跸。

③ 巡幸：皇帝出巡各地名巡幸。

④ 搜狩：春天打猎叫搜，冬天打猎叫狩。

⑤ 扈从：皇帝到外地时随行人员称曰扈从。

⑥ 祝版：是祭祀天、地、日、月等坛庙和祭祖先的祷词，写在木版上。

⑦ 台吉：为蒙古贵族的爵位名。

⑧ 督抚：督为总督，清代统辖外省文武官员的最高级的官，管一省或数省。抚为巡抚，清代外省的行政长官。

⑨ 提镇：提为提督，管全省水陆各军。镇为总兵，管一部分。

⑩ 左都御史：属御史衙门的长官。

切折本票签，应加酌定者，皆国家切要政务，得失所系，今后所有折本票签酌定时，仍令记注官侍班，如会议机密事情及召诸臣出班近前有口谕事宜，记注官不必侍班，尔等可传旨起居注衙门。

记注官既退值则载笔，编纂内容次序是：先载起居，次谕旨，次题奏，次引见官引见，凡编记各档上谕簿①、丝纶簿②、外纪簿③、军机档、宗人府档、理藩院档、八旗护军档、前锋营档，所有谕旨及官员引见④，除授⑤皆全载。奉旨依议及该部议奏报闻者，俱不载。载部本，查略节⑥，载通本⑦，查揭帖⑧。有遗漏即查对红本⑨、丝纶簿，有疑者亦查对红本。凡载祭祀、行礼、问安、驾临驻跸各项，俱查照内起居注，由档钞出存馆备查。记注之内容大略如此。详载《嘉庆会典》、《光绪会典》事例中。至若编纂成册，例以上年之事，至次年分月编纂，正本存内阁，副本存本署，正本之缮写，则专派翰林院庶吉士善书者任之。《嘉庆会典》则例：

> 凡编纂记注，每月分作二册，每年二十四册，先成草本，由总办记注官逐条查核增改，送掌院⑩阅定，书名年月及当值官名姓。例以上年之事，至次年分月排纂，前后谨撰序跋，册中用翰林院印钤

---

① 上谕簿：记录皇帝谕旨，名上谕档。

② 丝纶簿：古书中称王言如丝，其书如纶，为史官所记录的谕旨。

③ 外记簿：中外臣工奏折奉旨允行及交部议复者别为一册，以备参考，曰外记簿。

④ 引见：清代京官五品以下，外官四品以下，授官后在到任前，皇帝召见一次，名为引见。

⑤ 除授：即授给官职。

⑥ 略节：简要文书曰略节。

⑦ 通本：外官奏章经过通政使司上达者称通本。

⑧ 揭帖：上给皇帝的文书曰奏折。清代外省给京中部院平行的文书曰揭帖。

⑨ 红本：经过批过红字的题本曰红本。

⑩ 掌院：为翰林院最高负责人。

缝，贮以铁匦扃鐍封识，岁十二月封篆①前，具折呈奏，俟发下记注官会同内阁学士藏之内阁大库，其缮写正本，则专派庶吉士，副本仍藏本署。

案每月二册之制始于雍正朝，康熙朝时每月一册，此事本无记载，但考现存的实物则是这样。又在弘历（乾隆）退位称太上皇时，有嘉庆元、二、三年《太上皇帝起居注》，每季一册，年共四册，此为特例。《太上皇帝起居注》曾分散三处，一在故宫，一在北京大学，其一不知流落何所；在北京大学者为嘉庆三年已印行。起居注册、记居官署名之式，是书于每日记事之后，如康熙十八年正月初一日例：

> 本日起居注官
> 库苏纳
> 张玉书

其随扈记注者则不书于每册之尾，不按日署名，但详书记注人本兼各职衔，如康熙十年十月东巡，记注官随行者为折库纳、傅达礼，册后署名如下：

> 经筵日讲官起居注翰林院学士礼部侍郎加一级折库纳。
> 经筵日讲官起居注翰林院侍读学士加一级傅达礼。

侍从记注册所称随扈，是皇帝出行，随行人员名为随扈，扈指车驾。又案《清会典》所载，记注排纂成册后，所撰前序后跋，例选讲官

---

① 封篆：清代每年十二月二十四日，即不用印办事，缄封起来，新年正月再开印，封篆即封印。印一般用篆字。

之能文者撰之，《养吉斋丛录》卷二记曰：

> 起居注前序后跋，两院属讲官之能文者撰之，除夕筵宴，派二讲官与宴，即是年撰文者。

据现存起居注各册，其中前序后跋，不尽具备，而撰述之旨，率皆谀颂之词，移录一通，以见一斑。康熙十八年记注册跋云：

> 伏睹皇上锐意图治，宵旰励精，一岁之中，昧爽视朝，无有虚日，亲断万几，披览章疏。凡官员除授，必面加询问，观其才品，尤加意刑狱。每法司奏谳，详讯再三，时于无可赦宥之中，曲寓钦恤矜全之意，以故终岁断狱，不过十数人焉。视朝毕，旋御便殿，经史大义，躬先讲解，后命讲官敷陈，仍温旨谕勉令直陈无隐。四书解义刊成，御制序言，发明圣经贤传之旨，垂示来兹，用垂治理。宫中手不释卷，研精义蕴，释御丹铅。少暇即游艺翰墨，摹仿晋唐以来名迹，辄臻神妙。题额大书，洒翰立就，结构天成，具有龙跳虎卧之势，古人所未有也。至于岁祀天地，时享宗庙，及诸坛壝祭典，必躬必亲，竭致诚敬，则岁以为常，罔有间怠。太皇太后两宫问安，风雨寒暑不辍。是夏，亲撰太皇太后景福颂，书于屏，岁暮复亲撰表文，躬自缮书，具物以进，先意承志，曲尽敬养，盖我皇上至孝积诚，勤典学不能殚述云。

这是在每年记注之后，写一篇歌颂文字，此即历代王朝所标榜的史官直笔，善恶必书的传之后世的起居注。又案起居注，除侍直时，应记注者外，有时奉特旨记入册中，则均属为帝王自表嘉言懿行之事，如康熙十六年九月谕起居注胡密色曰：

朕诣太皇太后问安，太皇太后问朕曰：顷者地动，尔知之否？朕奏曰，此乃天心垂异以示儆也。太皇太后谕曰，人君遇有灾异，固当益加修省，然亦平时用人行政，敬承天意耳。朕仰绎慈训，诚为克谨天戒之要也，尔其书诸册。

又康熙二十七年五月庚子谕：

从前诣两宫请安，皆于起居注记档，今诣宁寿宫请安。朕因不忍过慈宁宫，故从启祥门行走之故，亦令谕侍郎库纳知之。

以上两则具见康熙实录及王先谦《东华录》。以前玄烨向两宫请安侍膳，记注官亦随行。康熙十四年谕记注官傅达礼等曰：

朕向诣两宫问安，尔起居注常随行记注，朕思昏定晨省，问安、侍膳，趋侍庭闱，为子孙者之恒礼，嗣后朕诣两宫问安，侍值官不必随行。

自是以后遂停止随行之例，因之又有特旨记入之事。

康熙五十六年以起居注官陈璋、赵熊诏钞写旧岁谕旨，交大学士九卿等会议具奏，此案之发生，则不详其所由来。清代故事，凡交九卿等议奏之案，率皆先有原奏闻于朝，而后交议。此案谕旨未叙原由，颇嫌鹘突，若无原奏，则记注官钞写旧档，非深居内廷的皇帝所得而知。康熙的谕旨是这样：

康熙五十六年三月，谕大学士等，记注官陈璋于今年三月查阅档案，钞朕去年十二月所谕江南钱粮之旨，与赵熊诏伊等，皆属有心，特以朕于去年有欲免江南旧欠钱粮之意，偶尔谕及，今年未行蠲免^①，伊等欲将朕前后互异之处指出书写耳。去年两江总督赫寿折奏，请蠲前项钱粮，朕批令缮本具奏后，朕知赫寿受人嘱托，又彼此私同商定，具奏欺朕。朕以西边正值军需之时，故旧欠未准蠲免，照部议分年带征。朕御极以来，蠲免天下钱粮数千万，岂有惜微旧欠之理。江南官员众多，赫寿惟欲沽取美誉，而民殊不感戴，声名甚劣。朕于事无不经历，人亦焉能欺朕，岂肯以大权授人乎？若不将此故晓谕诸臣，皆谓朕从前谕旨不符，所系非轻，且汉人著作文集内，有将未题之稿云，欲行具奏，以事已完结，未获具奏等语。似此并未入告，尚且书写，况其他乎。起居注衙门自古未有久远设立者，亦有旋立旋止者，或因所记不实耳。朕听政之日，记注官入侍，伊等局蹐无措，岂能备记谕旨，侍班汉官归寓后，纂写数日，方携至署，与满官校看，又每争竞事非，则其遗漏舛讹可知，谕旨皆有关系，惟朕朱书谕旨及批本发科者，始为的确，其起居注难于凭信也。陈璋、赵熊诏钞写记注之处，著问九卿具奏。（王先谦《东华录》）

读右录谕旨，康熙对记注之制已不慊于心，裁革之意已明，如谓"起居注衙门自古未有久远设立者"，又云：记注官入侍，皆局蹐不能备记谕旨，纂写记事又与满官争竞事非，并谓"起居注难于凭信"等语。此事起于蠲免旧欠之事。盖蠲免农民旧欠本属欺骗之局，史臣若直书其口惠而实不至，当非专制君主所能接受。大学士九卿等议复请将陈璋、赵熊诏交刑部严加治罪，得旨陈璋、赵熊诏从宽免交刑部，著革职，仍在原处行走效力（王先谦《东华录》）。案大学士九卿所议复

① 蠲免：蠲免钱粮，是当时将农民所欠上交王朝剥削农民的钱和粮免除一部分，以表示关心民间疾苦。

者，只议陈、赵之罪，不及改革记注之制复陈的意见，未能尽惬玄烨之心，意揣当日具奏诸臣，岂能见不及此，或以兹事体大，不敢直陈，翌年三月遂明降裁革起居注谕旨：

> 康熙五十七年三月壬子谕大学士等，历观从来设立起居注，多有更张亦间有裁革者，朕在位日久，设立多年，近见记注官内，年少之员甚多，皆非经历事体之人，伊等且自顾不暇，又岂能详记朕之谕旨耶！且官职卑小，不识事之轻重，或有事关重大者不能记忆，致将朕之谕旨颇多遗漏，不行备录；甚至如赵熊诏，曾私钞谕旨携出示人。记注之事，关系甚巨，朕设立起居注，甚为久远，在位五十七年，一切政事件有各衙门档案，何必另行记载。其作何裁革之处，尔等会同九卿议奏。

至是大学士九卿等乃迎合康熙的意图，奏请裁革，戊辰议复曰：

> 戊辰大学士九卿等遵旨会议皇上手书谕旨及理事时所降之谕旨，并转传云旨各处俱有记载档案，又如本章所批谕旨，六科衙门既经记载钞发各部院，又存档案稽查，且记注官多年少微员，或事关重大者，不能全记，以致将谕旨舛错遗漏，又妄行钞写与人，倘伊等所记之旨少有互异，关系甚巨，应将起居注衙门裁去。从之。

康熙裁省起居注的原因在表面上历见上引谕旨及大学士九卿的议复，惟一研讨当日朝政和皇室内部情形，关键不尽在陈璋钞写谕旨之事。记注官退而载笔查阅旧档，事属职内应作，而竟引起玄烨那样不满，其实内幕不便明言。案康熙朝自三藩平定后，国基巩固，政治安定，不复有所顾虑，但帝室争夺宝座的斗争实使多男之康熙帝调停为难。盖建储一事，实为朝野上下所甚深注意的事。康熙自十四年立允礽为太子，四十七年九月废，四十八年复立，五十一年十月又废，禁锢咸安宫，谕云："若有奏请皇太子已经改过从善应当释放者，朕即诛之。"至五十二年二月赵申乔奏请册立太子，谕以皇太子事未可轻定，将原折发还。在这时候允礽企图复立，余子希冀见宠，各蓄阴谋，此点于康熙谕旨中可以看清，如五十三年康熙谕诸皇子："……允禩系辛者库①贱妇人所生，自幼阴险，听相面张明德之言，遂大背臣道，觅人谋杀二阿哥，未必念及朕躬也。朕前患病，诸大臣保奏八阿哥，朕甚无奈将不册立之允礽放出，数载之内，极其郁闷，允禩仍望其初念，与乱臣贼子等结成党羽"云云。又五十四年十一月有"辅国公阿布兰，首告正红旗满洲都统公普奇，纵循医生贺孟頫以矾水通信二阿哥案，嘱托普奇保二阿哥为大将军，又探听哲卜尊丹巴来京，称皇上有褒奖二阿哥之旨，各处探听，冀有释放信息"等语。至五十六年大学士王掞及御史陈嘉猷等八人，又密疏奏请建储，谕掞等勿为名起见。五十七年正月，翰林院检讨朱天保疏请复立允礽，康熙帝御行宫正门，亲问天保，语及其父都纳，天保斩决。玄烨是在这样立储问题矛盾尖锐的时刻，决心裁革起居注，则记注官陈璋查阅旧档职内应作的事，不是决心裁革起居注的唯一理由。玄烨在这个问题上，有难言之隐，盖当日起居注翰林等官有为诸子刺探玄烨在立储问题上的消息。起居注裁革之后，到康熙六十年庆贺元旦典礼时，王掞又具折复请建储，御史陶彝、陈嘉猷等十一人亦会衔上疏，同年三月康熙谕诸王大臣斥之。

　　往岁余主编《文献丛编》曾采辑王掞等原折发表。康熙朝建储事，扰攘如此。因允礽之废，皇太子不定，遂启诸皇子觊觎大位之心，纷置党羽，联络臣工，刺探朝政，及其父王之起居，希冀迎合上意，借邀宠

---

① 辛者库：为满族官员犯罪，其子孙入辛者库，发给庄头服劳役。

眷。若翰苑侍从之臣，若日近帝侧之奄寺，皆为皇子辈联络之门。如翰林何焯、秦道然，皆曾因此而获罪。在故宫所刊行的《掌故丛编》中，有康熙建储案，其中有允禩、允禟案，秦道然、戴铎及西洋人穆景远等口供，盖自康熙五十年以后，玄烨年龄日高，诸子竞争愈烈，翰苑侍从参与其间，因之延及起居注的制度。康熙裁起居注主要原因有二，其一为在欺骗农民蠲免旧欠钱粮事，不欲暴露于外，不准记注官记注，其二为皇室内部争夺立储问题，涉及政治动乱。以上两事是决定裁革的内幕，而在当日统治集团内部矛盾更是尖锐。当日掌握军权的将军如年羹尧、岳钟琪等均是诸皇子拉拢的对象，以壮实力。起居注馆自康熙十年置，五十七年裁省，凡四十七年。玄烨死后四子胤禛谋得帝位，即雍正皇帝，此后又恢复起居注，如康熙五十六年故事，雍正元年上谕曰：

　　雍正元年四月乙丑谕翰林院：自古帝王临朝施政，右史记言，左史记事，盖欲使一举动，一出言之微，无不可著为法则，垂范百世也。皇考圣祖仁皇帝英年践祚，即设日讲起居注官，于词臣中择其才品优长者，以原官充补，钜典茂昭，度越前代，诚为圣帝哲王之盛事，御极六十一年，绍精一执中之统，励敬天勤民之心，文谟武烈，经纬万几，盛德日新，大业宏显，天下臣民，仰瞻至治，不啻日月丽天，江河行地，莫不敬信悦服，记注之臣，美不胜书，皇考圣祖仁皇帝，谦德弥光，圣不自圣，惟恐史官或多溢美之词。故康熙五十六年以后，裁省记注，只令翰林五员，于理事时轮侍班行，凡重务要旨，仍令内阁诸臣记而存之，意至周也。兹朕继承大统，夙夜兢业，日昃不遑，思所以上继皇考历德之隆，下至四海晏安之治，顾为凉德，深惧负荷之难。今御门听政之初，益当寅畏小心，综理庶事，咸期举措允宜，簪笔侍臣，何可阙欤？当酌复旧章，于朕视朝临御祭祀坛庙之时，命满汉讲官二人侍班，不独记载谕旨政务，或朕

有一言之过，一事之失，皆必据实书诸简册，朕用以自儆，冀寡悔
尤，庶几懔渊之怀，以致久安慎枢机之动，以图长治，其仍复日讲起
居注官，如康熙五十六年以前故事，尔衙门即遵旨行。

胤禛在玄烨诸子中是最桀骜之人，在同诸弟兄争夺宝座斗争中，残
杀手足，并有逼害其父玄烨之嫌，最后取得胜利成功，为清代入关后第
三个继位的皇帝。由于其政敌都已消灭，一上台即又恢复起居注之制，
何以对此可缓办之事，首先恢复康熙五十六年以前旧章，则玄烨在康熙
五十七年废起居注的内幕，胤禛是深知真相的。清代起居注自胤禛在雍
正元年复旧以后，迄于光绪未闻更易。溥仪冲龄即位，由其父载沣摄政
监国，官制多所更迭，起居注遂废，只有内起居注，记载生活琐事。辛
亥革命结束了我国封建王朝制度，建立旧民国。原来存在清宫中的旧档
大部存留，起居注亦在其内。计由康熙十年起到光绪末年止，凡八朝起
居注，除咸丰一朝完整无缺外，其他各朝都间有缺佚。现在故宫明清档
案部共存有三千四百九十一册。

清代还有内起居注一种，不详起于何时，《光绪会典·起居注事
例》载：凡载祭祀、行礼、问安、亲临、驻跸各项，俱查照内起居注，
由档钞存馆备查。

《光绪会典》所载如此。考康熙十四年以向两宫请安侍膳，停止记
注官随行之例（见前引记注体例），自此以后则记注官所记皆属政治大
体，而内廷起居各事，已非起居注官分内事。康熙二十七年，因孝庄太
后卒，玄烨往宁寿宫太后处请安，不忍过慈宁宫，曾明降谕旨，并云：
"以后每次请安，着令太监传谕敦住"云云。这时敦住正掌起居注事，
则内起居注之制，或即始于此。内起居注册现存者甚少，自同治末年以
迄宣统尚称完整，册中不著记注人姓名，故不识其职隶何所。案康熙时
有令太监传谕之言，记注内起居已由太监任之。查《清宫史续编》曾载

内起居，由懋勤殿太监任其职，兹以内廷宫规论之，则应属敬事房。清代故事，内廷乾清宫南庑，设宫殿监办事处，名曰敬事房，其总管曰宫殿监督领侍，级别四品。统辖各宫殿的侍监，懋勤殿太监亦为敬事房所属，由于清代皇帝每日阅折批本多在懋勤殿，从体制而言，内廷宫中有事，则由敬事房转内务府，公事转内奏事处。敬事房设记档太监，检奏事处档案，有小折一种，折中所记大致为皇帝斋戒、礼佛、请安、侍膳各事，与内起居注内容相合，即内起居注之稿本。当起居注馆纂辑成册时，即根据此项档案补录于册，而题其钞送之档案，曰内起居注。《光绪会典事例》载，凡祭祀、行礼各项，俱查内起居注云云。内起居注有两种，一为黄纸封面平装，每月一册，一种如奏折，每年之事联钞一帙，此类见清史馆档案。

起居注是经过编纂而成，编纂时间是紧接事件之后，即所谓起居注官既退值则载笔，并非"君举必书"，因有事关机密在时起居注官有不侍值之时，但在编纂时允许查阅各档，如揭帖、上谕、红本之类，成书时均可补入；时间和记事，可以说都是当时当事，非如在每代帝王死后纂修之实录，在材料上有所取舍，甚至修成后还在修改，在文字上则多作修饰，虽名为实录，其实不尽实者，可以比拟。起居注的记录反映一代王朝在统治全国政治动乱中比较原始的材料，而在成书后，即扃封禁中，不再轻易启视。案起居注系古者右史记言，左史记事之制，惟历代起居注见于隋唐史志者，均早已散失无闻，惟《大唐创业起居注》尚流传在丛书中（见《津逮秘书》），宋元明清以来，史志皆不载其本朝起居注，《清史稿艺文志》亦阙而不书。盖在历代王朝，大抵均有自修国史稿，前朝灭亡后，在改朝换代的王朝，则依前朝所留国史稿而修前朝之史。原来前朝国史稿，一般都不收入起居注，清修明史如是，旧民国修清史亦如是。记注本为禁中秘籍，非外人所能得见，在当日亦不许露示于人。各朝起居注不见著录，固有其因，有清一代起居注，在辛亥革命后清王朝灭亡，旧有起居注虽间有阙佚，但大部完整。旧民国所编《清史稿》大体均沿清代国史馆之旧，主其事者为清遗老，他们怀念"先朝"不足为怪，所以《清史稿》亦不引起居注。近数十年来研究清史的著述，由于在抗战时，清帝起居注曾南迁四川等地，无机得以利用。现在起居注已非过去扃封时代，迁徙不定之时亦早已过去，研究清史者大可取材于是。它的内容能补清代历朝实录之阙，亦可纠正和补充由实录中传钞的《东华录》之误。在近两千年历代王朝的起居注，唯最后一代清王朝起居注独存，以史料价值而言是弥足珍贵，因略述其梗概，以为介绍。

附 记

六十年前，在故宫博物院文献馆整理清代起居注。时工作之余，考证清代起居注建置原委，写有专文论述，已见前文。在清代未设起居注之前，已有此制之滥觞，非正式设起居注职官也。当清代在顺治二年，由东北入关，驻入北京明代旧宫殿，顺治（福临）小皇帝不能理政，由其叔父多尔衮摄政，称摄政王。当时归顺清朝之明朝旧臣为之记事，体例与康熙设馆置官后所留下的各朝起居注册基本一致，内容更详。"多尔衮摄政日记"在故宫大库中只发见一册，在清宣统间维修内阁大库时流落在外。约在一九三一年左右，北京大学研究所国学门学长刘文兴，持以示余，并嘱以故宫博物院名义印行，由余写一简短叙言，刊行问世。兹附录一页于后：

"多尔衮摄政日记"为清内阁大库旧物，宣统间清理库档流落于外，后归宝应刘氏食旧德斋。原册起五月二十九日迄七月初九日，而不纪年。兹因中有闰六月，检勘历书及《实录》，知为顺治二年事。原书初无名称，每日记事后均书记者衔名，与清代起居注体例同，故刘氏于其所录副册题曰："摄政王多尔衮起居注考"。清代起居注，康熙间始置馆，当时尚无其制，今刘氏嘱由本院刊行，爰改题曰："多尔衮摄政日记"。

多尔衮摄政日记

五月二十九日

大学士等入见户部官启事毕，王上曰：近览章奏，屡以剃头一事引礼乐制度为言，甚属不伦。本朝何常无礼乐制度，今不遵本朝制度，必欲从明朝制度，是诚何心。若云身体发肤，受之父母，不敢毁伤，犹自有理，若谆谆言礼乐制度，此不通之说。予一向怜爱群臣，听其自便，不愿剃头者不强，今既如此说，便该传旨，叫官民尽皆剃头。大学士等启言：王上一向怜爱臣民，尽皆感仰，况指日江南混一，还望王上宽容。又吏部启：参看山东巡抚方大猷拟革职为民。王上顾问大学士等曰：该如何处。大学士等言：方大猷此事错误该处，但念为地方亦有勤劳，或从降处。王上又问：如何降处。大学士等言：前朝有降调者，亦有降一二级照旧者。王上曰：还实降为是，著兵道用。大学士等启：要降兵道，须更调地方。若在本处，恐无颜面展布，若果能作好官还可照旧巡抚。王上又谕都察院：既奉旨参看，该有一定处法，如何二三其说，以后还该秉公执法，以尽职掌。大学士刚跪启数本，赐茶趋出。

大学士　李若琳恭记

（选自《我在故宫七十年》）

三　奏疏类

奏　折

　　按字书"奏"字为进言之义，在古代书经中有"敷奏以言"之句，所以后世臣下进言于帝王称曰奏。唐代职官中有中书舍人二员，掌侍从令书奏疏（详见《通典》），臣下进奏之文，汇集成卷名为奏议，唐代有《陆宣公奏议》、《包孝肃奏议》传世。明代初年定臣民具疏于朝廷者为奏本，明叶盛《水东日记》载"国朝之制，臣民奏事称奏本。后以奏本用长纸，字画必依洪武正韵，又用字计数于后，舍郑重而从简便，改用题本则不然矣"。明《万历会典》中还有具体规定"循例奏报、奏贺、乞恩、认罪，缴勒、谢恩并军民人等陈情、建言、申诉等事俱奏本"。

由此可知，在明以前，臣工上言，有奏疏奏本之名，其后又出现题本之名，与奏本分为二，核其内容为公事与私事之别。到清代则明文规定为制度，但改称奏本为奏折，清代《啸亭杂录》：折子，自明太祖立通政司，凡内外章奏，皆于司挂号始入，故权相多以私人主之，上言者非壅则泄，宪庙命诸臣有紧密事改用折奏，专设奏事人员以通喉舌，无不立达御前，通政司惟掌文书而已。按明清以前，臣工奏疏，其形式多为卷，如敦煌发见的卷子。可以推知，称奏本之名至明始见。在清代初年仍循明旧称曰本，约在康熙、雍正年间出现奏折之称，其来源由于奏本形式改变之因，盖此时臣工上言，均用长纸折叠成之，因名之为折遂为规定。有清一代的历史档案，臣工上言属于例行公事的奏报称题本，密陈奏事称奏折。

清代奏折大致还分以下几种：

奏折钞成册者，在康雍年间称红本档者，为已奉有朱批，称白本档者即未写朱批，奉口头指示者，亦有无批答语者。这种以顺、康、雍时期多，属于宫廷事件，这时对于奏本的本字意义，尚未完全不用的阶段，乾隆以后则少见矣。

绿头牌档，亦为宫廷内务府钞录奏折成册的档案，这是还沿袭清初用档子时的遗风。

朱批奏折，即奉有朱批者，从雍正朝以后，凡是奉过朱批的臣工奏折，到每年终都要缴进皇宫中存储，地点旧制存太和殿东西夹室，辛亥革命后移至内廷南三所。

汇钞奏折，是皇宫奏事处，将每日接到的京内外奏折在缴回皇宫后，照录一份，也用奏折形式，但是多人的奏折合钞一帙均用恭笔小楷字书写。

军机处奏折、折包，清代制度，每日臣工奏折到达君主面前后，在每天早晨召集军机大臣等，在养心殿商议奏折内容中所提出的事件，回答批示决定后，由军机处大臣携至军机处值房，将原折内容和朱批，俱誊写一份，一般都行书钞录存档，然后将原折再由奏事处交还原奏人（由京外各大官员每日早晨均派有属员在皇宫中递折，或等候接回朱批之折）。军机处录副后，按月以包纸存储起来，名为折包。军机处章京旧称为月折。

奏折副本折包

奏折副本折包，在军机处档案中占极大的数量，名为折包档，是以存贮档案的形式而得名。在清王朝时代，京内外大臣所呈上的奏折，每天清晨皇帝与各军机大臣商讨奏折中所陈报的事件，决定处理办法，有的是皇帝用朱墨笔亲自批答，有的是军机处拟定谕旨寄出，称为廷寄，又名寄信。在当日，军机大臣在养心殿和皇帝所议论的奏折，军机处均在当天录副存档，所录副奏折，均系急笔行书，当日录就。然后将原折发还原奏的人，年终再缴还大内存于宫中，由奏事处保管，军机处所录存的副本则存于军机处方略馆。这些副本是将原奏折一字不遗钞录，有皇帝朱批的亦照录下来，按年月累积成束，用高丽纸包成捆，所以名为折包。在军机处原折包亦名曰月折，录副的奏折，均随时登记目录，这种目录档簿名为随手登记档。

京内外大臣所上的奏折，有时附有附件，如镇压农民起义时，从农民起义队伍掠获的有关文件，被俘虏的农民军，审问出的口供。在清王朝没有外交机关时，西方国家到中国的使节，所持的文书，也附在奏折一起存贮，如十八世纪，清朝乾隆年间，英国曾派遣特使马戛尔尼来中国，所持的类似国书的文件，现还存在军机处档案折包档中，太平天国革命被清廷镇压，所掳获的太平天国各种文书，和太平天国印玺，亦均存在军机处方略馆库房里。在一九〇〇年以前，即在鸦片战争之后，西方资本主义国家给清王朝的照会文书，也在军机处收贮。一九〇〇年之后，成立了外务部机关，军机处就不经管外交文件了。因为军机处档案在清代关系国家军政大事，所以在辛亥革命成立民国，袁世凯把军机处档案全部移到北洋军阀政府的国务院。一九二七年，故宫博物院又将这批档案收回到故宫。

岳钟琪奏折

案清代缴回朱批奏折之例，始于雍正元年，其后刊行朱批谕旨。即由所缴回之朱批奏折中选录，凡著录二百二十三人。而名臣年羹尧、岳钟琪不与焉。传谓年岳二人之奏折亦曾经选录后，因有所忌讳，复命铲削。查故宫内廷所存缴回朱批奏折，凡已选入朱批谕旨中者，原包标签写"已录"二字。未选录者写"不录"二字。其中只有岳钟琪奏折有不录之签。年羹尧奏折包无任何标签。据此，则所传铲削之说不无原由。

年羹尧为胤禛（雍正）潜邸之私人亲信。传说胤禛得国，年氏曾与密谋。胤禛有妃为羹尧之妹。年妃死，羹尧旋即获罪赐自尽。其后钟琪代年氏为大将军。雍正六年有曾静遣徒投书岳氏，其中称岳钟琪为宋岳飞之后。有观岳背清之意。不久钟琪罹于狱，易朝始释出（雍正十年夺钟琪职，十二年拟斩立决后改监候，乾隆二年乃放归）。年、岳二氏，在当日均为王朝建殊勋。而年又亲昵若彼，皆获重谴，不得令终。则其折奏不肯宣示于人之故可思矣。年羹尧奏折已分期刊布，兹将岳钟琪奏折著于篇。后又查岳钟琪缴回之折，有一包标"不录"之签，则朱批谕旨铲削之说，则补一证。但年代之折未见标签。

故宫博物院在一九三〇年曾印行不录奏折总目小序曰：按雍正十年世宗将历年朱批奏折分别选刊颁赐廷臣。世宗即世仅成数帙。

在雍正十年三月初一日制序。折首为范时绎钤有"朝乾夕惕"、"雍正宸翰"二章。

乾隆三年高宗就世宗检录已定者汇著为目，刊印成书。前后凡二百二十三人，分一百一十二帙名曰"朱批谕旨"。此项奏折存故宫各档箱中。凡已刊者原包标出。已录奏折未刊者标"不录"奏折。本院文献馆整理此项档案系与"朱批谕旨"对勘，分别其已刊未刊编号制成简目，以供学者之索焉。

文献馆地处南三所之中所。朱批奏折储存在大方木箱中。原此类档案在辛亥革命前旧存外朝太和殿夹室。一九一三年肇造民国移至南三所。一九三二年由于九一八日本侵略我国东北，北京形势日益危急。故宫古物南迁。其中有大批历史档案、清代朱批奏折亦运走若干箱。其后与古文物南迁到台湾。后台北故宫博物馆将朱批奏折影印。大陆在解放后，北京故宫博物院业务结构变更，文献馆裁撤，将故宫档案全部移交院外，成立历史档案馆，已不在故宫矣。

（选自《我在故宫七十年》）

题　本

一

　　清制，臣工奏报地方庶政，例应缮本具题，事有必须具体陈述者，则别造详籍，随本进呈。《光绪会典》卷二云：凡本有通本、部本，先期以达于阁，皆备其副，若图，若册，若单，若夹签，皆附焉。注云："河工报销及各项营建工程，例应绘图缮册，随本进呈。又各处钱粮报销，朝审、秋审本，皆缮册。"册衣尚黄，因名黄册，此黄册之由来也。其内容多关奏销事项，故又谓之奏销册。如各省之地丁、钱粮，以及京内衙门收支款项，会核钩稽，盖为统计簿焉，其造具也，式颇工整，纤小宋体，真谨细书，虽连篇累牍，字无补改，严肃郑重，方之他种文书，少与伦比。其别致关系衙门者，册衣青色，或白色，则称青册，示与黄册有所区分，造册具较为粗陋，盖舍郑重而从简便也。

按黄册为明太祖所定制，盖属于赋役之文书也，其编造方法，详载于《明史》，引证如下：

> 洪武十四年诏天下编赋役黄册，以一百十户为一里，推丁粮多者十户为长，余百户为十甲，甲凡十人，岁役里长一人，甲首一人，董一里一甲之事，先后以丁粮多寡为序，凡十年一周曰排年。在城曰坊，近城曰厢，乡都曰里，里编为册，册首总为一图，鳏寡孤独不任役者，附十甲后为畸零，僧道给度牒，有田者编册如民科，无田者亦为畸零。每十年更定其册，以丁粮增减而升降之。册凡四，一上户部，其三则布政司、府、州各存一焉，上户部者，册面黄纸，谓之黄册。（《明史》卷七十七"食货志"）

清代黄册制度，大体取法于明，然历代赋役制度，如所谓黄册性质之文书，求诸载籍颇多相类，上溯周、汉、唐、宋皆可得而考焉，可见其渊源甚远。如《文献通考》卷三户口考周代，乡大夫以岁时登其夫家之众寡，辨其可任者，国中自七尺以及六十，野自六尺以及六十有五皆征之，其舍者，国中贵者、贤者、能者、服公事者皆舍，以岁时入其书。

考《通典》卷四食货典郑玄注："谓入其书者，言于大司徒。"按司徒之官，唐以后谓之户部尚书，殷周时代曰司徒，汉曰司农，三国则为度支尚书（见历代职官表）。"言于大司徒者"，其义盖如明代赋役黄册上于户部"其舍者国中贵者贤者"亦即等于后世黄册中所谓绅缙优免人丁也。汉制，民年二十受田，六十归田，在野曰庐，在邑曰里，五家为邻，五邻为里，四里为族，五族为党，五党为州，五州为乡，乡万二千五百户（见《汉书·食货志》），但不著赋役文书之名称，案汉之去周历时犹不甚远，周谓之书，汉或亦谓之书，兹以《史记》以引证之：

> 沛公至咸阳，诸将皆争走金帛财物之府分之，何独先入收秦丞相、御史、律令图书藏之。沛公为汉王……所以具知天下厄塞户口多少……以何具得秦图书也。（《史记》卷五十三"萧相国世家"）

上例所谓图者，盖地图之类属之，以是知天下厄塞；所谓书者，赋役之类属之，以是知户口多少。由是可证，汉之编造赋役者亦谓之书，似无疑问矣。唐代制度，将天下人口量其资产定为九等，每年一造计账，三年一造户籍，较于周汉法益详备。

> 凡天下人户，量其资产定为九等，每年县司注定，州司覆之，百户为里，五里为乡，四家为邻，五家为保，在邑居者为坊，在田野者为村……男女始生为黄，四岁为小，十六为中，二十一为丁，六十为老，每岁一造计账，三年一造户籍……（《旧唐书》卷四十八"食货志"）

按唐三年一造户籍，凡三本，一留县，一送州，一送户部（见《通典》卷三），其制即明代黄册编造法之嚆矢也。依上举例，关于赋役之编造，周谓之书，汉亦曰书，唐称账，别有户籍，而明代则谓之黄册，清因之，历代相尚递嬗演变，虽简繁不同，名称不一，其间因革损益，大体可资寻绎矣。此从其内容及名称两考之，大略如是。若五代扰攘之局，不可详考，辽、金、元大率取法于唐，无足述焉。又其他只著录名称，内容不详者，如宋代之有户账、会计录、结甲册、户产簿、丁口簿、鱼鳞图、类姓簿、户版簿等（见《宋史》食货志卷一百七十三及一百七十四），此亦后世所称黄册之类也。

至于户口赋役，编造文书而称黄者，明清以上考诸载籍，齐、梁、唐三朝均有之，是黄字之称由来尚矣。

> 齐高帝建元二年，诏朝臣曰，黄籍民之大纪，国之治端，自顷讹俗巧伪，为日已久，……或户存而文书已绝，或人在而反托死，板停私而云隶役，身强而称六疾，编户齐家，少不如此。……诸贤并深明治体，可各献嘉谋，以振浇化……玩之上表曰，自泰始三年，至元徽四年，扬州等九郡，四号黄籍，共却七万一千余户，于今十一年矣，而所正者，犹未四万，神州奥区，尚或如此，江湘诸部，倍不可念，愚谓宜以元嘉二十七年籍为正民，惰法既久，今建元元年，书籍宜更立明科一听首悔，迷而不返，依制必戮，使官长审自捡校，必令明洗然后上州，永以为正，若有虚昧，州县同咎。今户口多少，不减元嘉，而板籍顿阙弊，亦有以自孝建以来，入勋者众，其中操干戈卫社稷者三分殆无一焉……（《齐书》卷三十四"虞玩之列传"）

《文献通考》卷四"职役考"梁武时所司奏南徐江郢逋两年黄籍不上，帝纳尚书令沈约之言，诏改定百家谱。

《通典》卷三"食货典"注：仪凤二年二月敕，自今以后省黄籍及州县籍也。

据上引各书，齐、梁、唐三朝，均有黄籍。梁唐之制载籍不详，无从探讨。齐之黄籍，尚可由其诏令得知崖略，如黄籍为民大纪，国之治端，讹俗巧伪停私而云隶役，身强而称六疾，编户齐家，少不如此云云。其性质所关涉者相类明清所谓之黄册，明清之称黄者已见于前。

《明史》"齐之称黄"，其义何取，兹取《礼记》及《淮南子》两说以释之：

> 人初老则发白，太老则发黄。（《礼·曲礼·君子敬黄发》）
> 黄口，幼也。（《淮南子·氾论训·古之伐国不杀黄口》）

按上举例，人之老幼皆可称黄，则一生之过程，即以黄字代表之，丁口之登，除赋役之征，免其编籍也，均在其中矣。此其所以称黄欤。又考《隋书》卷二十四"食货志"载："文帝颁新令，男女三岁以下为黄，十岁以下为小，十七岁以下为中，十八岁以上为丁，丁从课役，六十为老乃免。"唐代编户法，亦有男女始生为黄之制（见前引《唐书》）。则关于户口赋役文书而称黄者，综上诸说多可证也。视明代所谓册面黄纸故谓之黄册者其舍蕴义，而取形色矣。但均为关系户口赋役，因名思义，以类相求。明代黄册，即由齐之黄籍蜕变而来者可资征信，至若籍、册，二字文义仿佛，无足述焉。

又案清代赋役制度，大率取法汉唐之田租口赋之两税法也，所谓地丁钱粮者，是按地丁钱粮内附征别有他税，名色不一，具载赋全书，《乾隆会典》"修辑赋役全书"条云：

> 凡赋役全书由布政使司汇所属州、县、卫，田赋各数，以地丁、赋粮、商牙、课税为一书，应支、官役、俸工、驿传、料价为一书，应解、本色、折色、货物为一书，分别原额新增，开除实在汇纂成编，每十年则修辑之，书成由部、科颁州、县，以备考复。

上举之例，即为全书内容之概要，亦即地丁黄册之蓝本也，兹再节录《赋役全书》地丁之一端如下。《江西赋役全书》（新喻县黄绫皮刻本，内阁大库藏本）：

一户口：原额人丁，壹万陆仟陆佰捌拾贰，丁内优免人丁壹仟肆拾丁（各派征不等），编起存各款银共贰仟伍佰叁拾壹两柒钱捌分捌厘肆毫。内于顺治十一年二月题准，开除逃亡人丁壹仟肆佰玖拾柒丁，该减银贰佰叁拾贰两捌钱贰分捌厘。

见在人丁壹万伍仟壹佰捌拾伍丁，实征银贰仟贰佰玖拾捌两玖钱陆分肆毫。

一人丁：原额壹万陆仟陆佰捌拾贰丁，内除优免壹仟肆拾丁外，实编壹万伍仟陆佰肆拾贰丁，每丁编银壹钱伍分伍厘伍毫贰丝玖忽柒微壹纤。

共计编银贰仟肆佰叁拾贰两柒钱玖分伍厘柒毫，内除逃亡壹仟肆佰玖拾柒丁，该减银贰佰叁拾贰两捌钱贰分捌厘。

见在人丁：壹万肆仟佰肆拾伍丁，实征银贰仟壹佰玖拾玖两玖钱陆分柒厘柒毫。

优免人丁：壹仟肆拾丁，每丁编银玖分伍厘壹毫捌丝伍忽叁微壹纤。

共计编银玖拾捌两玖钱玖分贰厘柒毫。

一田产：原额官民田地山塘壹万壹仟陆佰捌项肆拾捌亩玖厘叁分陆毫（各派征不等），编起存各款并加增玖厘地亩银，共伍万肆仟贰佰贰拾陆两陆钱伍分伍厘陆毫，内除优免米壹仟叁拾肆石，该派三差银壹佰贰拾肆两柒钱玖分叁厘捌丝伍忽壹微陆纤不征外，实共编银伍万肆仟壹佰壹两捌钱陆分伍厘二毫壹丝肆忽捌微肆纤，内于顺治十年七月题准开除荒芜入官，并水决沙崩田地及按院笪重光续题荒芜今奉清丈垦外，实除入官田地叁佰肆拾伍项玖拾壹亩玖分伍厘三毫；水决沙崩田地肆拾玖项玖亩壹分柒厘伍毫；有主未垦田

地叁佰壹拾伍顷玖拾壹亩柒分捌毫；无主逃绝荒塞田地壹仟贰佰捌
拾壹顷捌拾伍亩捌厘伍毫，共除田地壹仟玖佰玖拾贰顷柒拾柒亩玖
分贰厘壹毫，共该减银壹万壹仟柒佰玖拾贰两壹钱柒分捌厘叁毫，
见在成熟田地玖仟陆佰壹拾伍顷柒拾壹亩壹厘伍毫，实征肆万贰仟
叁佰玖两陆钱捌分陆厘玖毫壹丝肆忽捌微肆纤……

按地丁黄册之造，具开写诸项名色，一如全书，虽粮银或有增减，
而必分列原额、新增、开除、实在四柱程式项下，以为规律。《光绪会
典》云"凡奏销必以四柱之册，一曰旧管（即全书所谓原额），二曰新
收，三曰开除，四曰实在"。关系他项钱粮或物品之奏销册，亦均以四
柱为法，不属于奏销者则依其事之情形逐项汇编为册，其造具之程式，
大要如此。

黄册造具关涉事件不只赋役一端（述见首页），积年累月，于是卷
帙缤纷，从其性质约略分析可为三项：

甲、属于赋役钱粮者。

乙、属于他项钱粮或物品者（如户部银库、缎库、颜料库册盐课
册）。

丙、不属于他项钱粮或物品者（如三册载考绩之京察册坛庙祀
期）。

关涉事项既多，宜其数量亦巨，此乃自然之现象，若依册检讨，
可得若干之类别，再以类分析，其各有系统，如京察类统于吏部，地丁
类统于户部，礼仪类统于礼部，兵马类统于兵部，秋审类统于刑部，河
工类统于工部，以及各寺监等衙门亦有其隶属之类，而为之统系焉。以
册求类，因类而求其隶属衙门，提纲挈领，有条不紊，多可作史志之材
料。兹分列于下：

吏部系统：京察册、大计册、选举志。

户部系统：地丁册、食货志。

礼部统系：坛庙祀册、礼仪志或郊祀志。

兵部统系：兵马钱粮册、兵志。

刑部统系：秋审册、刑法志。

工部统系：河工册、河渠志。

又户部统系：织造册、舆服志。

钦天监统系：晴明风雨日期册、五行志。

黄册可作史志之材料，已如上述，若依朝年排序，则每类均有缺佚，虽不完备，尚可取材，近代研究史志者，颇重视之，学术机关，如前社会科学研究所搜集参考不遗余力，历数载凡数百册皆选录之。又前中国营造学社亦多所参考，外省如前安徽省志馆不远千里而来，咨访采录，可见其关系史志之材料如何程度矣。当《清史稿》之纂修也，征集各处档案种类甚多，其对于翔实郑重之黄册，则未之及，不征之原因，或视为例行公事无关宏旨乎，要知欲求当时国家庶政之情形，黄册实为详细真实之直接史料也，参考取资，有望于后之修史者。

二

明代、清代官文书制度均有题本、启本之名。按古代官文书无题本之称，自明以来始有之。其制载于《明会典》，清修明史亦著其名。《明会典》卷十七、卷二百十二有：

凡启奏题本事例洪武十五年定：

国初定制，臣民具疏上于朝廷者为奏本，东宫者为启本，皆细字，后以在京诸司奏本不便，凡公事用题本。

凡内外各衙门一应公事用题本，其虽系公事而循例奏报，奏贺，若乞恩认罪，缴勒，谢恩，并军民人等陈情、建言、申诉等事，俱用奏本。

明叶盛《水东日记》卷十：

> 国朝之制，臣民奏事称奏本，后以奏本用长纸，字画必依洪武正韵，又用字计数于后，舍郑重而从简便，改用题本则不然矣，然题本多在内衙门，公事若在外并自陈己事，则仍用奏本。东驾则称启本，宣庙每呼为抹子，尝见传旨中云然。

《明史》卷七十二：

> 凡上之达下曰诏、曰诰……下之达上曰题、曰奏。

根据上引史料，可证题本、奏本之名，均权兴于明。当在洪武年间"凡公事用题本"虽为其典则，然因事推移，不无权变，从"其虽系公事而循例奏报，奏贺俱用奏本"等语，又可证矣。据叶盛所云"题本多在内衙门，公事若在外则仍用奏本"。与会典所载，内外各衙门一应公事用题本规定不合，当时具体行文，或许如此。按叶盛为明代人，记述本朝事故，自多可信，至所谓宣庙每呼为抹子，此说早见于元刊《居家必用事类全集》。抹子释义，为简节切要之文便于涂抹也。非明宣宗时始有之称，且亦非其制，其为远年文书之习惯称语而沿用之耳。

明鼎革后，有清入主中原，一切典章制度，多因明旧，定例亦为公事用题本，私事用奏本，详细条文载在《清会典》，虽有厘订之文，然无改作之旨。《光绪会典·事例》卷十三：

雍正三年覆准，题奏事例，理应划一。令各省督抚，提镇，嗣后，钱粮刑名丁、马匹、地方民务所关，大小公事皆用题本，用印具题；本身私事，俱用奏本，虽有印之官，不准用印，若违题奏定例，交部议处。

又同上书卷一千四十二：

雍正七年定，嗣后举劾属官及钱粮、兵马、命盗、刑名，一应公事，照例用题本，其庆贺表文，各官到任、接任、离任、交任及奉到敕谕，颁发各直省衙门书籍，或报日期，或系谢恩，并代通省官民庆贺称谢，或原条件未明奉旨回奏者，皆属公事，应用题本。至各官到任、升转、加级，记录宽免、降罚，或革职留任，或特荷赏赉谢恩，或代属官员谢恩者应用奏本，概不钤印。

以上为清代题本奏本实施之概况，且一再申述公事用题钤印，私事用奏不钤印为其定制。按前述之题本制度，官书所载，皆言及奏本，明清同例，盖此二者同为入告之文书，仅以事分公私名殊式异，于是遂有典例条文以为取舍之的，不致遵循失据也。然公私之谓，似有不恰，职官在朝，奉行政务皆为公务，焉能有私，所谓私者，虽为个人之言动，非不关系国政，且机密大事封章上达，率以奏本行之，而题本不与焉，如故宫所藏朱批奏折可覆按也。要之公开例行事务，缮本具题，经阁呈进，其不公开机要者，具奏直达，旨在是矣。《典例》所云，本身私事用奏本，如升、转、降、罚、谢恩等事，特为其一斑耳。乾隆朝曾以题奏同为入告文书，不必分别名色，一律改用题本。《清会典》卷十三乾隆十三年谕：

向来各处本章有题本奏本之别，地方公事则用题本，用印，一己之事则用奏本不用印其式沿自前明。盖因其时纪纲废弛，内阁通政使司借公私之名，以便上下其手。究三同一入告，何必分别名色。著将用奏本之处，概用题本，以示行简之意。

历来题奏分用旧例，并改为题，从其典制观察，官文书具有变化之征，若就实际探讨，则不尽然，如阿桂、傅恒、福康安及其他乾隆朝奏之例，固仍旧贯，不但此也，且当乾隆十五年及六十年犹有关于题奏之谕。

《清会典事例》卷十三：

乾隆十五年谕：各省督抚参劾不职属员，或请革职，或请休改，或请降补改教，皆地方公务并非应行密办之事，理应缮本具体方合体制，近来督抚有先具奏声明另疏题参者尚属可行，而亦竟有以折奏代具题者，究于体制未协，着通行各省督抚凡遇此等参题概用奏本。

《清高宗实录》：

乾隆六十年六月甲辰，留京王大臣等议奏：臣等查各省督抚办理地方事务，凡事关奉旨或命盗邪教重案及更定旧章、关系民瘼，一切紧要事宜，自应随时具奏，若寻常照例事件，俱有例案、册档可查，毋庸专奏滋扰，乃各省办理未能划一，有循例具题仍复具折陈奏者，有各省俱系题达，而一二省独具折奏者，亦有命盗案件已结，其案内续参人员即可一律题参，仍复有具折劾奏者，又如丞倅收令、题升调补，如有实系要缺原准专折奏请，其余寻常之缺，自

> 应循例具题，即间有人地相需，历俸未满者，不妨于疏内声明，而督抚等因有专保之例，率行纷纷折恩亦应饬止。

可见题本、奏本之在乾隆朝仍分别沿用，前虽有改变之旨，事不果行，嗣以各省督抚所具题奏之处，未按体制，或办理未能划一，复有谕饬。当时官文书设施情况依然，不过仅将寻常事件习惯用奏者，多改为题，稍有损益耳。诒光绪朝末期，始将历来之成例，封章上达改题为奏，竞革旧制，这是在一九〇〇年义和团起义事件之后，王朝作垂死挣扎，欲求振作，多所更张，废除之例不止一例，此则从刘坤一、张之洞等封疆大吏之请也。光绪《东华录》卷一百六十九：

> 光绪二十七年八月癸丑，先是刘坤一、张之洞奏：臣等钦奉光绪二十六年十二月上谕，法令不改，锢习不除，欲求振作，当议更张，著军机大臣、大学士、六部、九卿、出使各国大臣、各省督抚，各就现在情形参酌中西政要，举凡朝章……各举所知，各抒所见，通限两个月详悉条议以闻……一曰省题本，查题本乃前明旧制，既有副本，又有贴黄，兼须缮写宋字，繁复迟缓，我朝雍正年间谕令臣工将要事改为折奏，简速易览，远胜题本，五十年来各省已多改奏之案，是年冬间曾经行在部臣奏请，将题本暂缓办理，此后拟请查核评议，永远省除，分别改为奏咨。

清代官文书制度，自顺治朝以迄光绪，时历九朝凡二百余年，一切用明制，题、奏分用，中间虽有厘订，原旨未变，损益可知。光绪二十七年后，遂废除题本，但贺本绝迹则较晚。当时王朝已趋凌替，犹未灭亡，关于政事文书之题本，先寝其制。清代题本有通本、部本之别，各省将军、督抚、提镇、学政、顺天府尹、盛京五部本，俱齐至通政司，由司送内阁为通本，六部本章及各院、府、寺、监、衙门径送内阁，统为部本，皆经阁臣先行检校，拟缮票签进呈御览。本章接下后，照钦定所拟票签以朱笔批于本面遂称红本，转发内阁传钞，各关系衙门遵行，其所设施程序大略如此。此外另有折本之名，原即题本，因内阁所处理办法票签，上达后皇帝未能肯定哪一个票签所提办法适宜，临时将原题本折一角，以等日后再议，所以称为折本。及至积累折本若干时，常在举行御门听政时，听取阁臣汇报而决定采取决定。

明清题本大小各有格式。《明会典》卷七十六：

> 国初定制……凡公事用题本，其制比奏、启本略小。
> 洪武十七年奏定天下诸司文移纸式，凡奏本高一尺三寸。

明代题本原件留存者较少，会典所称比奏、启本略小，度其本幅大小约在一尺左右。清代题本格式，初于顺治年间由部发式通行（见《东华录》），其本式长短宽窄若何，则语焉不详，清代题本存在清内阁者有如山积，今试量之得知修短，清代题本纵八寸，合二十七厘米，横三寸六分，合十二厘米，奏本纵七寸强，宽三寸四分，视明代者均小，且明制题本小于奏本，清则反是，本章书写格式亦各有规定。《明会典》卷七十六：

> 嘉靖八年奏准本式，遵照大明律，附写尺寸，参以近年适中式样，题本每幅六行，一行二十格，抬头二字，平行写十八字，头衔门官衔姓名，疏密俱作一行写，不限字数，若有连名，挨次俱照六行写。

《清会典事例》卷一千四十二：

　　题本格式，顺治八年题准，每幅六行，每行二十格，平行写十八字，章内称宫殿者抬一字，称皇帝上谕，称旨，称御者抬二字，称天地、宗庙、山陵、庙号、列祖谕旨者，均出一格写，首行列衙门官衔具题人姓名，末幅具年月日，内外一式遵行。

　　上为明清两代规定本章书写格式皆每幅六行，行二十字，平写十八字，惟明制抬头仅具二字一项，在清代则有抬一字抬二字者之分、至有出格一字写之制，其所异者如此。关于书写先后次序，明清两代本章同。《明会典》卷七十六：

　　题本式：某衙门、某官等、官臣某等、谨题，为某事、备事云云，谨题请旨。

清代《东华录》：

　　顺治十年三月上谕：各部院本章内，清字宜先书官员衔名，次书谨题字样，次书所条陈为某事。

　　上例《东华录》只言清字本，其汉字本则未之及，按检阅汉字本亦同，兹再移录明清两代题本实例：
明崇祯七年十二月题本：

　　巡按宣大等处监察御史臣米助国谨题为镇率骚更，遇事可虞，谨合吁请仰恳圣裁事……谨题请旨。（《明清史料》）

清顺治九年十月题本：

　　钦差提督军务巡抚福建等处地方都察院右副都御史臣张学圣谨题：为大兵抵闽剿寇，粮饷税亿无额，仰乞圣裁，敕部议旨起运钱粮，以应所需事……为此具本……谨题请旨。（内阁大库存档）

明清两代写本程式，无何参差。但明代本章之末，有注写自某字、督自某字止，共字若干之例（见《水东日记》）。清代则限一定字数，以三百字为率，此制为顺治二年所议定。《清会典事例》卷十三：

　　议定凡内外官员题奏本章，不得过三百字，虽刑名钱谷等本，难拘字数，亦不许重复冗长，仍将本中大意，撮为贴黄（别录本中要语名贴黄）以便阅览，不许过一百字，如有字数溢额，及多开条款，或贴黄与原本参差异同者，该衙门不得封进，仍以违式纠参。

虽有限制题本奏字数之规定，但逾限者仍恒有，如顺治十一年宁夏巡抚黄图安之题本：

　　钦差巡抚宁夏等处地方，赞理军务，都察院右佥都御史臣黄图安谨题为署官贪不法，军民饮恨已久，据揭直纠，以清吏治事……因述招由，字已逾格、恳惟鉴宥……谨题请旨。

清代到雍正二年，对本章字数始革旧例，不复限制，盖以紧要章疏，必须详明，若限定字数，致有遗略，仅纠正式样错误而已。《清会典事例》卷十三：

又复准题奏本章，旧例除刑名钱谷外，不得过三百字，贴黄不得过百字，如字数溢额，许通政司驳回。紧要章疏如兴利除弊，奖善惩恶等事，正须详明，有裨政治，若限定字数，不许多开款项，必致遗略。嗣后题奏本章，除式样抬头错误外，通政司不得以字数款项多寡违式擅自驳回，知照各省督抚转行文武各衙门，一体遵行。

按清代本章，凡部本皆缮清、汉两种文字，通本不兼写清字，由内阁汉本房，翻贴黄，满本房照缮清字，又部本惟刑部者有贴黄，余从略。通本皆有之，是内外衙门所具章疏，名义分部本、通本，大体程式亦有区别。又按随题本之贴黄，在题本之外亦有区别，又按随题本之贴黄，在题本之外亦有粘具者，如顺治二年雁门提督马国柱之启本，十四年洪承畴之揭帖均有贴黄，原件旧存内阁大库。又案贴黄在明已有，但明代初年的贴黄，其内容并非由于题本冗长而撮其要语，以便阅览，明代初年贴黄是记录官员履历，如今之人事档。明代晚年崇祯年间定，各衙门章奏仿古人贴黄之法，自提节要粘同原本进览，从大学士李国祯之请也。（见孙承泽《山书》）在清代初年还有绿头牌之档，《池北偶谈》卷二载：

六朝章奏，悉沿明制，惟紧急事，或涉琐细者则削本牌而绿其首，以满洲字书节略于上，不时入奏取旨，不下内阁票拟谓之绿头牌子。

所谓不下阁票拟，可直达皇帝阅览之谓也。再考启本之制，明代为上于东宫者（太子）（见《明会典》）。清初无太子，虽有启本之例而系上于王者，盖以顺治髫龄践祚，国政皆决之于摄政王多尔衮，臣工本章上达于王，题奏既嫌僭越，公文之制当时尚无可遵循，遂权假明代东宫之例，康熙时修会典时始有启本之制，但简略不详，其后续修者则不见启本之称。揭帖在明代为上达官文书之一（见《明史》），清代初年明代大官官于清者间有用之，其后则不习用，改为随本章投送关系衙门者。（见《清会典》）

三

清故事内阁收到各处本章，由侍读等官详细校阅，拟写草签，大学士阅定后，令票签处中书缮写清、汉字合璧正签，次日黎明恭迎，其票拟之式，凡通本内应议复者，则交各部、院议奏，或查议，或察议，或议处，或严议，或速议，毋用议复者，则交各部、院知道。钱粮出纳则交部察复，刑名本罪至斩绞者，由三法司复拟，军流以下由刑部复拟，官员降革勒休者，情罪重则照拟票写。各院、寺、衙门有应交部议者，俱如通本之例部本内议，叙议处事件，在京文职编检科道以上，武职副都统以上，各省文职臬司以上及学政，武职总兵以上皆出名，外官题升调补，文职监大使以上及河工佐案，武职守备以上者皆出名；实降实革者，不论品秩皆出名，刑部本罪至死者皆出名，京官五品以上，翰詹中允以上，各省臬司以上学政、试差、关差及各项差使，开列请简，俱票拟名签。文武会试中额则实其名数，其余寻常事件，皆票依议及知道了等签。又有该部、院所议未协，随时更票写者，惟刑部夹签皆不票写（见《清会典》）。每日进本，或照所拟，或另降谕旨，或于原签内奉朱笔改定，先经批本处翰林、中书等，批写清字，再下于阁，汉学士批写汉字，皆以朱书，故题本清汉字批写后又称红本。六科给事中每日赴阁接领红本，钞传关系衙门施行。凡公事具题本，必须经过这些程序，始得达其效能。兹移录批红数则，以见一斑：

该部议奏；

该部知道；

该部察核具奏册并发；

三法司核拟具奏；

该部议奏这本及贴黄内照原详书写卑职字样、不合著饬行；

颍州知府员缺著萨载补授，已有旨了，该部知道；（以上为通本之批红）

陈大受著照部议所降之级从宽留任，尹继善著销去纪录十二次，免其降调；

满洲监察御史员缺著萨宁阿赫泰补授；方希贤依拟用依议；

龙老么依拟应绞著监候秋后处决，余依议……

以上为部本之批红，俱见内阁藏档。尚有空名签之式，则见各部本式样，例如：

补授部尚书，乾隆三十四年十一月初四日进过理藩院尚书。

补授部左右侍郎，乾隆三十八年正月二十三日进宗文一本。

此外还有两拟双签之式：准其来京引见，余依议；不准来京引见，余依议。

《清会典》卷二注：双签之式，各部、院题请事件，有应准应驳，未改擅便，或议功、议罪、议赏、议恤、可轻可重处分，应议应免本内双请候钦定者。尚有三签四签者，事亦类此。《清会典》卷二：若三签若四签，皆备拟以候钦定，按票签之幅较题本小，纵七寸，横四寸强，所拟清、汉字各占半幅，拟写票签之中书等均署名于票签背面，满、汉各一人，今内阁大库所藏档案，尚存有此类票签，其票拟之词，虽云各就情事审定，然亦有旧例为范。内阁藏有"满汉票签式样"二十五卷，即按历年经办案件分门别类汇编而成者，其卷首弁以文曰：

　　本处式样一书，实为票签模范，现因年久失修，多有缺烂不齐，经本处侍读等回堂请修，于光绪二十五年三月奉中堂谕，满汉票签尚有丝纶部、通本式样各一部，清汉通本式样二部，自光绪元年修成后，至今二十余年之久，未经续修，多有缺烂不齐，并有应行增添者，均宜补入，著派侍读督率中书等，再行缮录一分，详细复对成书，以垂久远，该员等务得认真经理，勿稍草率，奉此遵于即日检查，自三月初十日起，每逢五十日堂期发缮，在事诸人，均能踊跃从公，妥速藏事，至五月十五日一律写齐，并添缮勾到式样一样，清汉注语一本，共计二十五卷八套，装潢成书，以备永久遵循。

据其弁文所云，票签式样共有二分，一修成于光绪元年，再修于二十五年，今大库所有除装潢整齐八函者外，尚有残卷若干，疑即为初修之缺烂不齐者，其续修本所著录之例案，有远至雍正、乾隆时代者如：

　　著于□日殿试□日传胪依议。（空名签、殿试日期）雍正八年二月进。
　　览卿奏谢，知道了，该部知道，孔昭焕谢承袭恩。乾隆八年六月二十二日。

可见其集雍、乾以来票拟之事故，历七朝近二百年之旧案著录于篇，案题本票拟上达后一般不加修改，间亦有所拟不称旨者，进呈后未奉谕旨折本发下者，按日收储积至十数件，于御门听政时，学士一人捧折本函，依序启奏，大学士承旨讫，另缮签随本呈进，凡开印后第一次御门听政，例不进刑部本，其票拟得旨批红者，经过程序，须历两日，始能完成，但事关紧要之本，则不越日。《清会典》卷二注：

> 进本奉旨后下批本处，次日于批本处批写，又次日乃下于阁，有紧要事件奉旨速下者即于进本之日下阁。

又清代吴振棫所著《养吉斋丛录》云：

> 阁拟票本由批本处接收，交内阁奏事进呈，既奉旨送批本处，先将票拟清文缮写交阁，其汉字由阁学批发，批本处行走者为满洲中书七员满洲翰林一员，直庐在月华门内懋勤殿南。

按《清会典》卷二云：

> 批本处掌批本，额设满洲翰林官一人，于翰、詹内开列简放，中书七人由大学士于满洲中书内拟定正陪引见补授，本章进呈发下后，本处照钦定清字签用红笔批于本面，汉学士四人掌批本，本章接下后，由汉学士照钦定汉字签用红笔批于本面。

内外臣工所具本章，经过清文、汉文批写红字后，其上达封章，即转入实施阶段，题本名称一变称为红本。《清会典》卷二注：

> 清汉字批写后为红本，六科给事中赴阁恭领，随件钞于各衙门。

六科接领本章，传各衙门，据以施行。如有未便施行者，该科封驳以闻，给事中为言官，有权将意见上达，所领本章，年终仍须缴内。辛亥革命后，清宫中内阁大库所存红本有如山积。按内阁之收发红本，专设处所，以董其事。六科之接缴本章，亦由此处行之。《清会典》卷二：

> 收发红本处，掌收红本以发科，岁终则汇收焉。

收发红本处在北京故宫协和门内迤南，西向。年终汇收六科缴还本章，送储红本库庋藏，红本库在内阁之东，北向。以上所介绍文献为有关王朝国家政事，内外臣工所具题本批红之情形，而关于皇家之事务亦有题本，为掌皇家事务内务府衙门所具题者，其票拟批红之措施，亦皆为批本处官掌之，其制载在《批本处现行事宜》：

> 凡内务府、三院、七司之本，系批本处票签，无清文者只票汉字签，应拟何旨该衙门木匣内有上届式样。
> 凡内务府、三院、七司之本进呈后即将满、汉两面俱批。

以上两条是为内阁职掌所不载，批本处虽为国家政事批本而设，考其治事之权限，固不仅如《会典》所批也，其不著载之原因，或由于事属皇家内务，非关国政，载入官书，体制未协，故从略欤，然以此亦可为谈清代掌故之一助。

四

本章凡为各省督抚所缮具者，例有副本送通政使司，雍正七年改为一并送内阁，正本批红后，副本则照红本以墨笔批录，另存皇史宬（见《清会典事例》卷十四）。至京内各衙门本章及其他档案之有副本，始自雍正七年，其办法亦用墨笔批录存案或另以钤记分别之。其详载于《东华录》：

> 乙巳吏部奏：本月初一日夜，文选司失火，延烧房屋十数间，所有档案被毁，应将值宿书办交刑严审，当月司官议处，臣等疏忽之罪请敕部察议，其所毁档案于号件簿内查明，行文内外各衙门，将原案造册送部，得旨……嗣后各衙门存贮档案之处，应委笔帖式等官，轮班值宿巡查，至内阁本章及各衙门档案，皆应于正本外，立一副本，另行收贮，如本章正本系红字批发，副本则批墨笔存案。其他档案副本，或另用钤记以分别之，如此不但于公事有益，且可杜奸胥猾吏隐藏改换之弊，其如何详细定例之虞，著大学士、步军统领会同九卿议奏，寻议在京各衙门卷牍收贮之所，应派笔帖式轮班值宿巡查，各省督抚题奏事件，例有副本送通政司，嗣后令一并送阁，俟奉旨后，内阁将副本遵照红本，用墨笔批录，另贮皇史宬，其在京各部院覆奏本章，亦照此办理。至部覆正本，向来兼写清、汉全录案呈，不免稽迟时日，嗣后所办副本，应毋庸全录案呈，止以汉字缮写。

就上所述，可知副本，初仅为通本有之。自雍正七年部本及其他亦均有副本，盖因鉴于吏部文选司灾，为求万全策也，更可知部衙副本，只录汉字，视正本则简略。所云送贮皇史宬，但今日考查，早已荡然无存，其散佚时代亦不可踪迹，然据阮葵生《茶余客话》云，仍可窥当日送贮副本之情况，其记如下：

> 内阁副本每届年终派汉本堂中书查对，送贮皇史宬内，辛巳之冬，祝宜诚前辈维诰应斯役，予偕往观，视数十年之章疏，积若崇山。

按内阁亦贮副本于红本库内，与正本堆聚掺杂，但远年者多经焚毁，且尚有未批录墨字者，与《会典》规定不合，此点尚待考证。

清代题本尺寸款式：

通长七寸九分，宽三寸六分，堂口五寸三分。

抬头在格外写。

（选自《我在故宫七十年》）

清代题本启本制度补考

往岁家兄秉彝曾撰清代题本制度考，仓卒叙述，未暇博征旧闻，尝嘱代为补订以求尽善，近来涉猎群籍，关于题本材料，颇有所获，爰依序排比撰成此篇。

一　题本之沿革

清代官文书制度，关于国家例行政务臣工具疏上达名曰题本。凡本有通本、部本之别，各省将军、督抚、提镇，学政、顺天、奉天府尹，盛京五部本章，俱赉至通政使司，由司送阁为通本，六部本章及各院、府、寺、监、衙门本章径送内阁，统为部本，皆经阁臣先行检校，拟缮票笺进呈御览，本章接下后，照钦定所拟票笺以朱批于本面，遂称红本，转发六科传钞各关系衙门遵行，其公文设施之情形，大略如此。按古代官文书无题本之称，自明代以来始有之，其制载于明代会典及私人笔记，清修明史亦著其名。《明会典》卷七十六云：

凡启奏题本事例洪武十五年定。

国初定制，臣民具疏上于朝廷者为奏本，东宫者为启本，皆细字，后以在京诸司奏本不便，凡公事用题本。

又同上书卷二百十二：

凡内外各衙门一应公事用题本，其虽系公事而循例奏报，奏贺，若乞恩认罪，缴勒，谢恩，并军民人等陈情、建言、申诉等事，俱用奏本。

明叶盛《水东日记》卷十：

国朝之制，臣民奏事称奏本，后以奏本用长纸，字画必依洪武正韵，又用字计数于后，舍郑重而从简便，改用题本，则不然矣，然题本多在内衙门，公事若在外并自陈己事，则仍用奏本。东驾则称启本，宣庙每呼本为抹子，尝见传旨中云然。

《明史》卷七十二：

……凡上之达下曰诏、曰诰……下之达上曰题曰奏……

综上引述，可证题本、奏本之名均题本之制，权兴于明，当在洪武年间。"凡公事用题本"虽为其典则，然因事推移，不无权变，从"其虽系公事而循例奏报奏贺俱用奏本"等语，又可证矣。据叶盛所云，"题本多在内衙门，公事若在外则仍用奏本"。与会典所载，内外各衙门一应公事用题本，规定不合，当时实在情形，或许如此。按叶为明人，而记述本朝事故，征文考献，自多可信，至所谓宣庙每呼本为抹子，此说早见于元刊《居家必用事类全集》。抹子释义，为简节切要之文便于涂抹也，非明宣宗时始有之称，且亦非其制，其为远年文书之名辞而沿用之耳，但今则不传，公私文书无是称矣。

明鼎革后，有清入主中原，一切典章制度，多因明旧，题本其一也。定例亦为公事用题本，私事用奏本，详细条文载在《清会典》，虽有厘订之文，然无改作之旨。

清《光绪会典·事例》卷十三：

> 雍正三年覆准，题奏事例，理应划一，令各省督抚、提镇，嗣后钱粮、刑名、兵丁、马匹，地方民务所关，大小公事，皆用题本，用印具题，本身私事，俱用奏本，虽有印之官，不准用印，若违题奏定例，交部议处。

又同上书卷一千四十二：

> 雍正七年定，嗣后举劾属官及钱粮、兵马、命盗、刑名，一应公事，照例用题本，其庆贺表文，各官到任、接任、离任、交任及奉到敕谕，颁发各直省衙门书籍，或报日期，或系谢恩，并代通省官民庆贺称谢，或原案件未明奉旨回奏者，皆属公事，应用题本，至各官到任、升转、加级、记录、宽免、降罚，或革职留任，或特

荷赏赍谢恩，或代所属官员谢恩者，应用奏本，概不钤印。

右①为清代题本、奏本措施之概况，且一再申述公事用题钤印，私事用奏不钤印，为其定则，亦为其述而不作之大要也。按前述之题本制度，官书所载，皆言及奏本，明清同例，盖此二者同为入告之文书，有联系作用，仅以事分公私，名殊式异，于是遂有典例条文，以为取舍之的，不致遵循失据也。然公私之谓，似颇难解，职官在朝，奉行政事，皆为公务，焉能有私，所谓私者，虽或为个人之言动，非不关系国政，且机密大事，封章上达，率以奏本行之，而题本不与焉，如故宫所藏朱批奏折可覆按也，要之公开例行事务，缮本具题，经阁呈进，其不公开机要者，具奏直达宸听，旨在是矣。《典例》所云，本身私事用奏本，如升转降罚谢恩等事，特为其一班耳，乾隆朝曾以题奏同为入告文书，不必分别名色，一律改用题本。

《清会典事例》卷十三乾隆十三年谕：

> 向来各处本章有题本、奏本之分别，地方公事则用题本，用印，一己之事则用奏本不用印，其式沿自前明，盖因其时纪纲废弛，内阁通政使司，借公私之名，以便上下其手，究之同一入告，何必分别名色，著将用奏本之处，概用题本，以示行简之意。

历来题奏分用旧例，并改为题，从其典制观察，官文书具有变化之征，若就实际探讨，则不尽然，如阿桂、傅恒、福康安及其他乾隆朝奏折存于今日者，为数不少，足资证明，其题奏之例，固仍旧贯，不但此也，且当乾隆十五年及六十年犹有关于题奏之论。

---

① 原文为竖排，故为右。此版本为横排，实为"上文"。

《清会典事例》卷十三：

乾隆十五年谕各省督抚参劾不职属员，或请革职，或请休致，或请降补改教，皆地方公务并非应行密办之事，理应缮本具题，方合体制，近来督抚有先具折奏声明另疏题参者尚属可行，而亦竟有以折奏代具题者，究与体制未协，着通行各省督抚凡遇此等参题概用奏本。

《清高宗实录》：

乾隆六十年六月甲辰，留京王大臣等议奏，臣等查各省督抚办理地方事务，凡事关奉旨或命盗、邪教重案及更定旧章、关系民瘼，一切紧要事宜，自应随时具奏，若寻常照例事件，俱有例案册档可查，毋庸专奏滋扰，乃各省办理未能划一，有循例具题仍复具折陈奏者，有各省俱系题达，而一二省独用折奏者，亦有命盗案件已结，其案内续参人员即可一律题参，仍复有具折劾奏者，又如丞倅收令、提升调补，如有实系要缺原准专折奏请，其余寻常之缺，自应循例具题，即间有人地相需，历俸未满者，不妨于疏内声明，而督抚等因有专保之例，率行纷纷折恳亦应饬止。

可见题本奏章之在乾隆朝，仍是分别沿用，前虽有并改之旨，事不果行，嗣以各省督抚所具题奏之处，未协体制，或办理未能划一，复有谕饬。当时官文书设施状况依然，不过仅将寻常事件习惯用奏者，多改为题，稍有损益耳，自德宗之世，始将历来之成例，封章上达改题为奏，竟革旧制，这是在一九〇〇年义和团起义事件之后，欲求振作，多所更张，废除之例，不只一端，此则从刘坤一、张之洞之请也。

光绪《东华录》卷一百六十九：

光绪二十七年八月癸丑，先是刘坤一、张之洞奏：臣等钦奉光绪二十六年十二月上谕，法令不改，锢习不除，欲求振作，当议更张，著军机大臣、大学士、六部、九卿，出使各国大臣、各省督抚，各就现在情形，参酌中西政要，举凡朝章……各举所知，各抒所见，通限两个月详悉条议以闻……一曰省题本，查题本乃前明旧制，既有副本，又有贴黄，兼须缮写宋字，繁复迟缓，我朝雍正年间谕令臣工，将要事改为折奏，简速易览，远胜题本，五十年来各省已多改奏之案，是年冬间曾经行在部臣，奏请将题本暂缓办理，此后拟请查核详议，永远省除，分别改为奏咨。

清代官文书制度，自顺治以迄光绪，历九朝，凡二百余年，一因明旧，题、奏分用，中间虽有厘订，原旨未变，损益可知，及光绪二十七年后，遂废除题本，但贺本绝迹则较晚耳。国势凌替，犹未濒亡，而关政事文书之题本，先寝其制。

二 题本之程式

清代题本之制，既因明旧，而本幅之大小，缮写之格式，是否亦皆相同，兹就参考所得，则各有其异点，非尽同也。

《明会典》卷七十六：

国初定制……凡公事用题本，其制比奏启本略小。
又洪武十七年奏定天下诸司文移纸式，凡奏本纸高一尺三寸。

　　明题本现已罕见，其修短无从作实物之证明，然其官书既云"比奏启本略小"，又云"奏本纸高一尺三寸"，根据此说，度其本幅大小，当在一尺左右矣。清代题本格式，初于顺治年由部发式通行（见《东华录》），其本式长短宽窄如何，则语焉不详，今以其题本而试量之，考诸实际，得知修短，纵八寸合公尺二十七厘米，横三寸六分，合公尺十二厘米，奏本纵七寸强，宽三寸四分，视明代者均小，且明制题本小于奏本，清则反是，至于本内书写格式亦有不同。

　　《明会典》卷七十六：

　　　　嘉靖八年奏准本式遵照大明律，附写尺寸，参以近年适中式样，题本每幅六行，一行二十格，抬头二字，平行写十八字，头衔门官衔姓名，疏密俱作一行写，不限字数，若有连名挨次，俱照六行写。

　　《清会典事例》卷一千四十二：

　　　　题本格式，顺治八年题准，每幅六行，每行二十格，平行写十八字，章内称宫殿者抬一字，称皇帝上谕、称旨、称御者抬二字，称天地、宗庙、山陵、庙号、列祖谕旨者，均出格一字写，首行列衙门官衔具题人姓名，末幅具年月日，内外一式遵行。

　　上为明清两代规定本章书写格式，皆每幅六行，行二十字，平写十八字，惟明制抬头仅具二字一项，而清代则有抬一字抬二字者之分，并有出格一字写之制，其所异者又如此，关于书写先后次序，明清两代本章同。

《明会典》卷七十六：

> 题本式：某衙门，某官等、官臣某等，谨题为某事备由云云谨题请旨。

《东华录》：

> 顺治十年三月上谕：各部院本章内，清字宜先书官员衔名，次书谨题字样，次书所条陈为某事。

上例《东华录》只言清字本，其汉字本则未之及，按汉本同此，兹再移录明清两代题本实例如下：

明崇祯七年十二月题本：

> 巡按宣大等处监察御史臣米助国谨题为镇率骤更，边事可虞，谨合吁请仰恳圣裁事……谨题请旨。（见《明清史料》）

清顺治九年十月题本：

> 钦差提督军务巡抚福建等处地方督察院右副都御史臣张学圣谨题：为大兵抵闽剿寇，粮饷税亿无额，仰乞圣裁，敕部议旨起运钱粮，以应所需事……为此具本……谨题请旨。

明清两代写本程式，无何参差，但明代本章之末，有注写自某字督至某字止，共字若干之例。（见《水东日记》）

清代则限定字数，以三百字为率，为顺治二年所议定。

《清会典事例》卷十三：

　　又议定凡内外官员题奏本章，不得过三百字，虽刑名、钱谷等本，难拘字数，亦不许重复冗长，仍将本中大意，撮为贴黄，（别纸摘录本中要语曰贴黄）以便阅览，不许过一百字。如有字数溢额，及多开条款，或贴黄与原本参差异同者，该衙门不得封进，仍以违式纠参。

虽有限制题奏本章字数之规定，但逾限者仍恒有，如顺治十一年宁夏巡抚黄图安之题本：

　　钦差巡抚宁夏等处地方，赞理军务都察院右佥都御史臣黄图安谨题：为署官贪淫不法，军民饮恨已久，据揭直纠，以清吏治事……因述招由，字已逾格，恳惟鉴宥……谨题请旨。

雍正二年对于本章字数始革旧例，不复限制，盖以紧要章疏，必须详明，若限定字数，致有遗略，仅纠正式样错误而已。

《清会典事例》卷十三：

　　又复准题奏本章，旧例除刑名、钱谷外，不得过三百字，贴黄不得过百字，如字数溢额，许通政司驳回，紧要章疏如兴利除弊，奖善惩恶等事，正须详明，有裨政治。若限定字数，不许多开款项必致遗略；嗣后题奏本章，除式样抬头错误外，通政司不得以字数款项多寡违式，擅自驳回，知照各省督抚，转行文武各衙门，一体遵行。

　　按清代本章，凡部本皆缮清、汉两种文字，通本不兼清字，由内阁汉本房，翻贴黄，满本房照缮清字，又部本惟刑部者有贴黄，余则略，通本皆有之，是内外衙门所具章疏，名义虽分部本、通本，而其公文程式亦有区别。更按贴黄，题本以外之文书亦有贴黄者，如顺治二年雁门提督马国柱之启本，及十四年洪承畴之揭帖，均有贴黄（见内阁大库档）。按贴黄在明初已有，但明代初年贴黄内容并非由于题本冗长，撮其要语，以便阅览，明代贴黄是记录官员履历，如今之人事档案。到了明代晚期，崇祯年定各衙门章奏，仿古人贴黄之法，自提节要粘同原本进览，以便执要，从大学士李国桢之请也。（见孙承泽《山书》）又《池北偶谈》卷二载：六朝章奏，悉沿明制，惟紧急事，或涉琐细者，则削木牌而绿其首，以满洲字书节略于上，不时入奏取旨，不下内阁票拟，谓之绿头牌子。考启本之制，明代为上于东宫者。（见《明会典》）东宫为太子所居也，清初无太子，虽有启本之例为上于王者，盖以顺治髫龄践祚，国政皆决之于摄政王多尔衮，臣工本章上达于王，题奏既嫌僭越，公文之制无可遵循，权假明代东宫之例也，康熙时修会典始载启本之制，但亦简略不详，其后续修者则已无启本之称。揭帖明代为上达官文书之一，（见《明史》）清代则为随本投送关系衙门者（见《清会典》）。

三　题本之批红

　　清故事内阁收到各处本章，由侍读等详细校阅，拟写草签，大学士阅定后，令票签处中书缮写清汉字合璧正签，次日黎明恭递，其票拟之式，凡通本内应议复者，则交各部院议奏，或查议，或察议，或议处，或严议，或速议。毋庸议复者，则交各部院知道，钱粮出纳则交部察核，刑名本罪至斩绞者，由三法司核拟，军流以下由刑部核拟，官员应降革勒休者，情罪重则照拟票写，各院、寺、衙门本有应交部议者，俱如通本之例部本内议，叙议处事件，在京文职编检、科道以上，武职副都统以上，各省文职臬司以上及学政，武职总兵以上皆出名。外官题升调补，文职盐大使以上及河工佐杂，武职总兵以上皆出名。实降实革者，不论品秩皆出名。刑部本罪至死者皆出名，京官五品以上，翰、詹中允以上，各省臬司以上学政、试差、关差，及各项差使，开列请简，俱票拟名签，文武会试中额则空其名数，其余寻常事件，皆票依议及知道了等签，又有该部院所议未协，随时更正票签，或奉旨另拟者，及违式错误应饬行、应议处者，各就情事审定，有图册者，应留应发，皆列于签，夹单有票写者，有不票写者，惟刑部夹签皆不票写，（见《清会典》注）每日进本，或照所拟，或另降谕旨，或于原签内奉朱笔改定，先经批本处翰林中书等，批写清字，再下于阁，汉学士批写汉字，皆以朱书，故题本清汉字批写后又称红本，六科给事中每日赴阁接领红本，钞传关系衙门施行。凡公事具题本，必须过此种阶段，始得达其效能，兹移录批红数则以见一斑，清字从略：

　　该部议奏；

　　该部知道；

　　该部察核具奏册并发；

　　三法司核拟具奏；

　　该部议奏这本及贴黄内率照原样书写卑职字样、不合著饬行；

　　颍州知府员缺著萨载补授已有旨了，该部知道……

　　以上为通本者。

　　陈大受著照部议所降之级从宽留任，尹继善著销去纪录十二次，免其降调；

> 满洲监察御史员缺著薛宁阿赫泰补授；方希贤依拟用依议；
> 龙老么依拟应绞著监候秋后处决，余依议……

以上为部本者，见内阁藏档。其空名签之式，则见诸部本式样，例如：

> 补授部尚书，乾隆三十四年十一月初四日进过理藩院尚书；
> 补授部左右侍郎，乾隆三十八年正月二十三日进宗文一本。

此外有两拟双签之式：准其来京引见，余依议；不准来京引见，余依勘。

《清会典》卷二注：双签之式，各部院题请事件，有应准应驳，未敢擅便，或议功、议罪、议赏、议恤、可轻、可重处分，应议、应免本内双请候钦定者，尚有三签四签者，事亦类此。

若三签若四签皆备拟以候钦定。

按票签之幅，较题本小，纵七寸，横四寸强，所拟清汉字各占半幅，拟写票签之中书等，均署名于票签背面，满汉各一人，今内阁大库藏有此类票签，其票拟之词，虽云各就情事审定，然亦有旧例为范，内阁藏有"满票签式样"二十五卷，即其历年案件分门别类汇编而成者，其卷首弁以文曰：

> 本处式样一书，实为票签模范，现因年久失修，多有缺烂不齐，经本处侍读等回堂请修，于光绪二十五年三月奉中堂谕，满票签向有丝纶部、通本式样各一部，清汉部本式样五部，清汉通本式样二部，自光绪元年修成后，至今二十余年之久，未经续修，多有缺烂不齐，并有应行增添者，均宜补入，著派侍读督率中书等，再

行缮录一份，详细核对成书，以垂久远，该员等务得认真经理，勿稍草率，奉此遵于即日检查，自三月初十日起，每逢五十日堂期发缮，在事诸人，均能踊跃从公，妥速藏事，至五月十五日一律写齐，并添缮勾到式样一本，清汉注语一本，共计二十五卷八套，装潢成书，以备永久遵循。

据其弁文所云，"票签式样"共有二分，一修成于光绪九年，再续修于二十五年，今大库所存，除装潢整齐八函者外，尚有残卷若干，疑即为初修之缺烂不齐者，其续修本所著录之例案，有远至雍乾时代者如：

　　著于□日殿试□日传胪依议。（空名签、殿试日期）雍正八年二月进。
　　览卿奏谢，知道了，该部知道，孔昭焕谢承袭恩。乾隆八年六月二十二日。

可见其集雍、乾以来票拟之事故，历七朝近二百年之旧案，著录于篇。按题本票拟多邀上达后一般不加更改，间亦有拟不称旨，进呈后未奉谕旨折本发下者，按日收储积至十数件，于御门听政时，学士一人捧折本函，依序启奏，大学士承旨讫，另缮签随本呈进，凡开印后第一次御门听政，例不进刑部本，其票拟得旨批红者，经过程序，须历两日，始能完成，但事关紧要之本，则不越日。

《清会典》卷二注：

　　进本奉旨后下批本处，次日由批本处批写，又次日乃下于阁，有紧要事件奉旨速下者，即于进本之日下阁。

又清吴振棫《养吉斋丛录》云：

阁拟票本由批本处官接收，交内奏事进呈，既奉旨送批本处，先将票拟清文缮写交阁，其汉字由阁学批发，批本处行走者，为满洲中书七员，满洲翰林一员，直庐在月华门内懋勤殿南。

按《清会典》卷二云：

批本处掌批本，额设满洲翰林院官一人，于翰詹内开列简放，中书七人由大学士于满洲中书内拟定正陪引见补授，本章进呈发下后，本处照钦定清字签用红笔批于本面。汉学士四人掌批本，本章接下后由汉学士照钦定汉字签用红笔批于本面。

内外臣工所具本章，经过清汉文批红后，其所以封章上达之因由，于是得有结果，即转入实施阶段，而其公文，既经种种程序，名称亦随之改变。

《清会典》卷二注：

清汉字批写后为红本，六科给事中赴阁恭领，随传钞于各衙门。

六科接领本章，传钞各衙门，据以施行，但如有未便施行者，该科封驳以闻，辨其得失，有言责也，所领本章年终仍汇缴于内阁。

《清会典》卷六十九：

凡科钞给事中，亲接本于内阁，各分其正钞外钞而下于部，应封驳则以闻，岁终则汇其本。以纳于内阁按内阁之收发红本，专设处所，以董其事，六科之接文本章，亦由此处行之。

《清会典》卷二：

> 收发红本处，掌收红本以发科，岁终则汇收焉。

收发红本处在协和门内迤南西向，年终汇收六科缴还本章，送储红本库庋藏，红本库在内阁之东北向。

上为关于国家政事，内外臣工所具题本批红之情形，而关于皇家之政事亦有题本，为内府官所缮具者，其票拟批红之措施，则皆为批本处官掌之，其事载于《批本处现行事宜》。

> 凡内务府、三院、七司之本，系批本宫票签，无清文者只票汉字签，应拟何旨，该衙门本匣内，有上届式样。
> 凡内务府、三院、七司之本进呈后，即将满汉两面俱批。

以上两条是为内阁职掌所不载，批本处虽为国家政事批本而设，考其治事之权限，固不仅如《会典》所云也，其不著载原因或以为事属皇家，非关国政，载入官书，体制未协，故从略软，然以此亦可为谈清代掌故者之一助。

四 题本之副本

本章凡为各省督抚所缮具者，例有副本送通政使司，雍正七年改为一并送阁，正本奉旨后批红，此则照红本以墨笔批录另存皇史宬（见《清会典事例》卷十四）。至京内务衙门本章及其他档案之有副本，始自雍正七年，其办法亦用墨笔批录存案，或另以钤记分别之，其详载于《东华录》：

> 乙巳吏部奏，本月初一日夜，文选司失火，延烧房屋十数间，所有档案被毁，应将值宿书办交刑部严审，当月司宫议处，臣等疏忽之罪请敕部察议，其所毁档案于号件簿内查明，行文内外各衙门，将原案造册送部，得旨……嗣后各部衙门存贮档案之处，应委笔帖式等官轮班值宿巡查，至内阁本章及各衙门档案，皆应于正本外，立一副本，另行收贮，如本章正本系红字批发，副本则批墨笔存案，其他档案副本，或另用钤记以分别之，如此不但于公事有益，且可杜奸胥猾吏隐藏改换之弊，其如何详细定例之处，著大学士、步军统领会同九卿议奏，寻议在京各衙门卷牍收贮之所，应派笔帖式轮班值宿巡查，各省督抚题奏事件，例有副本送通政司，嗣后应令一并送阁，俟奉旨后，内阁将副本遵照红本，用墨笔批录，另贮皇史宬，其在京各部院复奏本章，亦照此办理，至部复正本，向来兼写清汉全录案呈，不免稽迟时日，嗣后所办副本应勿庸全录案呈，止以汉字缮写。

就上所述，可知副本，初仅为通本有之，自雍正七年，部本及其他亦均有副本，盖因鉴于吏部文选司灾，为将来求万全策也，更可知部衙副本，只录汉字，视正本则简略，所云送贮皇史宬，但今日考察，早已荡然无存，其散佚时代，亦不可踪迹，然据阮葵生《茶余客话》云，仍可窥当时送贮副本之状况，其记如下：

> 内阁副本每届年终派汉本堂中书查对，送贮皇史宬内，辛巳之冬，祝宜诚前辈维诰应斯役，予偕往观，视数十年之章疏，积若崇山。

按内阁亦贮副本于红本库内，与正本堆聚掺杂，但远年者，多经焚毁（见内阁藏清查红本档），存于今者，仅零星而已，且有未批录墨字者，与《会典》规定不符，此点尚待考证。

（选自《我在故宫七十年》）

清代黄册

　　黄册为随题本的附件，清代制度，臣工奏报地方庶政例应缮本具题，有必须具体统计陈报的，则另造详细册籍，随本进呈。《光绪会典》卷二：凡本有通本、部本，先期以达于阁，皆备其副，若图、若册、若单、若夹签皆附焉。在本条下的小注：

　　　　河工报销，及各项营造工程，例应绘图缮册，随本进呈，又各处钱粮报销，朝审、秋审本，皆缮册。

　　所造册的封皮为黄色，所以这种文书习称为黄册，又因其内容多关奏销的事，又有"奏销册"之名，如各省之地丁钱粮，以及京内外衙门收支款项，会核钩稽，都加以统计簿册之式，字颇工整，用纤小宋体，真谨细书，虽连篇累牍，无讹夺错误。其送有关衙门的，用青色皮，则名青册。本式书写，均较粗陋，不如上内阁者之精，案清代黄册制度，仿自明代，其性质是属于赋役的文书。《明史》卷七七"食货志"：

> 洪武十四年诏天下编赋役黄册，以一百十户为一里，推丁粮多者十户为长，余百户为十甲，甲凡十人，岁役里长一人，甲首一人，董一里一甲之事，先后以丁粮多寡为序，凡十年一周曰排年。在城曰坊，近城曰厢，乡都曰里，里编为册，册首总为一图，鳏寡孤独不任役者，附十甲后为畸零，僧道给度牒，有田者编册如民科，无田者亦为畸零。每十年更定其册，以丁粮增减而升降之。册凡四，一上户部，其三册布政司、府、州各存一焉，上户部者，册面黄纸，谓之黄册。

根据《明史》所载，清代黄册制度，大体取于明代制度，但此制亦非明代所创，考之载籍，可上溯到奴隶社会的周代下至汉、唐、宋封建王朝，如《文献通考》卷三户口考："周代乡大夫以岁时登其夫家之众寡，辨其可任者，国中自七尺以及六十，野自六尺及六十有五皆征之，其舍者，国中贵者、贤者、能者、服公事者皆舍，以岁时入其书。"

再考《通典》卷四食货典郑玄注："谓入其书者，言于大司徒。"

按司徒之官，唐以后谓之户部尚书，殷周时代曰司徒，汉曰司农，三国则为度支尚书。《历代职官表》卷一"言于大司徒"者，其制盖如明代赋役黄册上于户部，其舍者国中贵者、贤者，亦即等于后世黄册中所谓绅缙优免的人丁。春秋战国亦有户籍赋役之制，如《七国考·秦食货·户籍》，秦献公十年初为户籍相任。《秦琐征·上计》、《史记·秦昭王》：召王稽为河东守，三年岁不上计。《楚琐征·典籍》：王子朝以典籍奔楚。《困学记闻》曰：周之大宝河图大训列焉，易象在鲁。《三坟·五典》：在楚，周不能有宝矣，然而老聃之礼，苌宏之乐，文献犹存，及王子朝之奔楚，于是观射父倚相皆调古训，以华其国，以得典籍故也。《史记》卷五十三"萧相国世家"："沛公至咸阳，诸将皆争走金帛财物之府分之，何独先入收秦丞相、御史、律令图书藏之。沛公为汉王……所以具知天下厄塞户口多少……以何具得秦国书也。"汉制民年二十受田，六十归田，在野曰庐，在邑曰里，五家为邻，五邻为里，四里为族，五族为党，五党为州，五州为乡，乡万二千五百户（《汉书·食货志》）。到了唐代的制度，是将天下人户，量其资产，定为九等，每年一造计账，三年一造户籍，户籍之法更为详备，《隋书》卷二十四"食货志"："文帝颁新令，男女三岁以下为黄，十岁以下为小，十七岁以下为中，十八岁以上为丁，丁从课役，六十为老乃免。"

《旧唐书》卷四十八"食货志"：

> 凡天下人户，量其资产定为九等，每年县司注定，州司覆之，百户为里，五里为乡，四家为邻，五家为保，在邑居者为坊，在田野者为村……男女始生为黄，四岁为小，十六为中，二十一为丁，六十为老，每岁一造计账，三年一造户籍。

按唐三年一造户籍，凡造三本，一本留县，一本送州，一本送户部（《通典》卷三）。唐代这个制度，为明清两代所仿为之。从上引各个时代的史册所载资料，可以知道从奴隶社会周朝起，关于赋役的编造，有继承，有演变，在名称上，周朝汉代均名书，唐称账，宋代名目则更详备，有户账、会计录、结甲册、户产簿、丁口簿、鱼鳞图、类姓簿、户版簿（见《宋史·食货志》卷一百七十一、一百七十四）。虽然区分名类繁多，其内容则均为明清时代的黄册，至于户口赋役编造文书，以黄为名的由来亦久，在南北朝时，早有此称。如《齐书》卷三十四"虞玩之列传"：

> 齐高帝建元二年，诏朝臣曰：黄籍民之大纪，国之治端，自顷氓俗巧伪为日已久……或户存而文书已绝，或人在而反托死，板……玩之上表曰，自泰始三年至元徽四年，扬州九郡。四号黄籍，共却七万一千余户。

又《文献通考》卷四"职役考"：

> 梁武帝时所司奏南徐江郡逋两年黄籍不上，帝纳尚书令沈约之言，诏改定百家谱。

又《通典》卷三"食货典"注：

> 仪凤二年二月敕，自今以后省黄籍及州县籍也。

从上引各书，可知历代均对人口赋役之册称黄，其制由来甚远，如《礼·曲礼》君子敬黄发。疏说人初老则发白，太老则发黄。《淮南子·泛论训》"古之伐国不杀黄口"，高诱注"黄，幼口也"。由此进一步知道，古代称人口为黄，而赋役随之亦名黄。到明代所谓册面黄纸，故谓之黄册，其内容与古代一样，而所释称黄之义，则数典忘祖已非原始之义。

案清代黄册赋役之制，大抵取法汉唐之田租、口赋的两税法，即包括地丁钱粮两项，此外还包括其他。清《乾隆会典·修辑赋役全书》条：

> 凡赋役全书由布政使司汇所属州、县、卫，田赋各数，以地丁赋粮、商牙课税为一书，应支、官役、俸工、驿传、料价为一书，应解、本色、折色货物为一书，分别原额、新增开除实在，汇纂成编，每十年则修辑之，书成由部、科颁州、县，以备考复。

上录之条，即赋役全书内容概要。兹举《江西赋役全书》（新喻县）为例：

> 一户口：原额人丁壹万陆千陆百捌拾贰，丁内优免人丁壹千肆拾丁（各派征不等），编起存各款银共贰千伍百叁拾壹两柒钱捌分捌厘肆毫。内于顺治十一年二月题准，开除逃亡人丁壹千肆百玖拾柒丁，该减银贰百叁拾贰两捌钱贰分捌厘。见在人丁壹万伍千壹佰八十伍丁，实征银贰千贰百玖拾捌两玖钱陆分肆毫。
>
> 一人丁：原额壹万陆千陆百捌拾贰丁，内除优免壹千肆拾丁外，实编壹万伍千陆百肆拾贰丁，每丁编银壹钱伍分伍厘伍毫贰丝玖忽柒微壹纤。
>
> 共计编银贰千肆百叁拾贰两柒钱玖分伍厘柒毫，内除逃亡壹千肆佰玖拾柒丁，该减银贰百叁拾贰两捌钱贰分捌厘。
>
> 见在人丁：壹万肆千肆佰拾伍丁，实征银贰仟壹佰玖拾玖两玖钱陆分柒厘柒毫。
>
> 优免人丁：壹仟肆拾丁，每丁编银玖分伍厘壹毫捌丝伍忽叁微壹纤。
>
> 共计编银玖拾捌两玖钱玖分贰厘柒毫。
>
> 一田产：原额官民田地山塘壹万壹千陆佰捌顷肆拾捌亩玖厘叁

分陆毫（各派征不等），编起存各款并加增玖厘地亩银，共伍万肆千贰佰贰拾陆两陆钱伍分伍厘陆毫，内除优免米壹千叁拾肆石，该派三差银壹佰贰拾肆两柒钱玖分叁厘捌丝伍忽壹微陆纤不征外，实共编银伍万肆千壹佰壹两捌钱陆分伍厘二毫壹丝肆忽捌微肆纤，内于顺治十年七月题准开除荒芜入官，并水决沙崩田地及按院篁重光续题荒芜今奉清丈垦外，实除入官田地叁佰肆拾伍顷玖拾壹亩玖分伍厘三毫；水决沙崩田地肆拾玖顷玖亩壹分柒厘伍毫；有主未垦田地叁佰壹拾伍顷玖拾壹亩柒分捌毫；无主逃绝荒塞田地壹千贰佰捌拾壹顷捌拾伍亩捌厘伍毫，共除田地壹千玖佰玖拾顷柒拾柒亩玖分贰厘壹毫，共该减银壹万壹千柒佰玖拾贰两壹钱柒分捌厘叁毫，见在成熟田地玖千陆佰壹拾伍顷柒拾壹亩壹厘伍毫，实征肆万贰千叁佰玖两陆钱捌分陆厘玖毫壹丝肆忽捌微肆纤。

这本江西新喻县赋役全书，黄绫皮刻本，藏清宫内阁大库，是一本比较早的全书，数字上纤微必具，字面上似乎是科学数据极强，其实是例行奏销数字，古代王朝政府关于钱粮税收报告，只能取其概，不能细其微，今天所利用的历史档案大都如此。

从赋役全书所开列格式，有清一代所造具的黄册如全书之式，而比早期分开项目更加格式化，计有原额、新增、开除、实在四个内容，习称四柱，后又将原额改名旧管。《光绪会典》：

> 凡奏销必以四柱之册，一曰旧管，即全书所谓原额，二曰新收，三曰开除，四曰实在。

清代黄册所具内容，既属奏销性质，不尽属户籍赋役之类，大体关涉三大宗，即：

甲、属于赋役钱粮。

乙、属于其他各项钱粮，或物品奏销，如户部银库，缎库，颜料库册，盐课册。

丙、属于人事方面，如对官员三年考绩，京都官员京察之属。

因之在修史时，各依其内容选辑材料，分别修入史志中，如中央六部，即吏部、户部、礼部、兵部、刑部、工部的黄册和地方关系六部管辖事件的黄册，均为史志中必须采用的材料。

吏部系统：京察册、大计册，是选举志中的原材料。

户部系统：地丁册是史志中食货志中的原始材料，织造册则是舆服志的原始材料。

礼部系统：坛庙祀册，是礼志中仪礼志，或郊祀志中的原始材料。

兵部系统：兵马钱粮册，是史志中、兵志中的原始材料。

刑部系统：秋审册是史志中、刑法志中的原始材料。

工部系统：河工册是史志中河渠志中的原始材料。

此外钦天监的晴明风雨日期册，则是史志、五行志的原始材料，至若其他衙门，如光禄寺、理藩院、都察院、通政使司、太常寺、太仆寺、銮仪卫、盛京户部、太医院等十机关的册簿，均分别为修史者所取资。

所有以上史料，在修史取材，是通过它了解古代社会劳动人民在阶级斗争，生产斗争，科学实验中推动社会的进步。前一个时期，和后一个时期的比较，早期和晚期的比较，气候河流的变迁，农业生产增长或衰落，粮价与农民的生活的情况，白银与制钱的比价，封建王朝政府国库的收入与支出，人民赋税的负担，控制全国生产资料与奴役劳动人民的权利的封建皇帝是如何对劳动人民进行经济剥削和政治压迫的。了解在漫长的封建社会中劳动者的反抗斗争，王朝统治机构的组织法，镇压劳动人民的军队，号称天朝时代的国家形势，外国资本主义势力侵入后的形势，王国全盛时代的版图，帝国主义割去中国的领土，王朝末期卖国主义。

旧日档案所用名词语汇多为历史习用语，时过境迁，今日读历史档案，每困其旧语不能释，兹举其若干，则介绍大概：

吏部统系：京察册、大计册，在正史中属选举志。

户部统系：地丁册，见正史货志；织造册，见舆服志。

礼部统系：坛庙册，见正史礼仪志或郊祀志。

兵部统系：兵马钱粮册，见正史兵志。

刑部统系：秋审册，见刑法志。

工部统系：河工册，见河渠志。

钦天监统系：晴明风雨日期册，见五行志。

属于人事者：

计籍、京察大计册籍由吏科察核，军册籍由兵部察复。

文凭　各官赴任，文凭，各职由吏部送科注限，武职由兵部注限。

赋册　在京部院衙门支领户部银两月册。

批回　各省运解户部钱粮及各物料，批回由户科磨对。

试卷　各省岁科试卷及乡会试卷，皆由礼部汇回礼科，并请磨勘。

学案　各省学政造送文生童学册，由礼部汇同礼科并请旨派员磨勘。

邮付　各省督抚、提镇、学政、按察使等，每年领过勘合史牌皆内。

（选自《我在故宫七十年》）

塘　报

　　古代防海塘以遏水势之工程，名为"塘"。其后在海防区有关军事基层机关上报军情的文书，亦称为"塘报"。以后演变成高级机关根据塘报军情转告有关衙门的文书，开头亦书"塘报"。盖塘已是邮亭之意，古代邮亭旧名"铺"。驿马沿途的邮亭，大致水路邮亭称"塘"，陆路称"铺"。塘报是通过多种邮亭传递消息的公文。如清代光绪三十年由广州至汉口的塘报，封套上有"若有稽迟，挨塘查究"等字样。

　　清朝进关后，对于明末万历、天启、崇祯的军事文书十分注意。由于这三朝正是清人和明朝军事对垒时期，清朝为修《明史》和记太祖、太宗在东北时与明之关系，故大量征集这类文书。因之在清代内阁大库中，存有不少关于明代军事的揭帖和塘报。兹录明代塘报二通为例：

> 兵部为塘报事，职方清吏司条呈奉本部送：准登莱巡抚袁咨，准平辽总兵官毛文龙本前事，内称本年二月十二日据来乡张登云口称：于去年七月内在辽阳城里见老憨说，如今江东毛总兵兵多势大，又有朝鲜助他，终久吃他大亏，不如我二人扮作道士潜往关上奸细，作为内应，你好进兵奴贼。当与金珠无数，又拨□达二百余名跟随过河竟投关上去讫。又见奴贼连月出兵，常是途中屡囚江东兵马过去剿杀，往返回救不能前往闯关等情备咨到部，送司案呈到部，拟合就行，为此一咨督师阁部，合咨前去，烦为查照，咨内事理密加盘诘，姓雷姓赵勿致潜为内应，施行施行。
>
> 天启四年四月二十二日。郎中廖起嶡。（《明末农民起义史料》）

又，崇祯六年兵部题本有崇祯宣大总督张宗衡塘报："榆林县为系金梁所占据……"

以上为明末塘报名称使用情况。到了清代亦有塘报，但其内容亦如明代，均属军事了。它递变为基层单位或大单位派出的情报所所传递的上级机关消息，均称塘报。如有清一代，各省封疆大吏均在京师北京派驻"提塘官"，有事随时报告京中情况，司其事者称为提塘官。

（未刊稿）

条奏清册

条奏清册，一名"奏章文册"，是王朝中的言官即给事中、御史的奏章。言官的职责，可以给皇帝条陈政治上的意见，可以弹劾京内外违职的官员。给事中分六科，即王朝中央政府吏、户、礼、兵、刑、工各部之事；御史旧为十四道，后为十五道，即京畿、河南、江南、浙江、山西、山东、陕西、湖广、江西、福建、四川、广东、广西、云南、贵州，称为"十五道"。因为给事中、御史都是上谏言的，又称"给谏"。这些言官所上的条奏，都记录存查。清代沿袭明代制度，每年选择认为资深才优的人，提升更高的职务，有任京官的，也有任职地方的，当日语汇称为"内升外转"。乾隆十六年以前，给事中一年一次，御史一年两次。乾隆十六年规定：给事中内升满汉各一人，外转满汉各一人，每三年一次。原委详见《清会典事例》六"吏部科道升转"条：

> 科道近列台垣，优绌尤为易见，自可不次擢用，而定例内升外转。给事中一年一次，御史则一年两次。每逢奏请时自康熙雍正年间，以至今日……嗣后内升外转著三年举行一次。

到了乾隆五十五年，又规定：

> 向来满汉科道相沿前明内升外转之例，徒资汇缘，都察院三年题请一次，殊为具文，满汉科道果有才具初中，供职勤慎者，京察之年原准该衙门分别保送，引见时记名以道府用或亦时有令各院保送道府者，是升迁不致久滞，又何用相沿旧例，徒资汇缘耶？嗣后满汉科道内升外转三年请旨之例著停止。

有此规定之后，在清代档案中即无此档。查现有此类档案，其内容、格式是用满汉两种文字书写。给事中清册开头即录各人所商的条奏。御史清册是首先载都察院题请之本章，由左都御史领衔，在都察院题本章之后，再录被题升御史所上的条奏。

（未刊稿）

清代批本处

　　批本处为内阁所属机关，京内外大官所上报的本章叫题本，其所具奏，均属有关中央六部主管之事：官员升迁调补属吏部；财政土地属户部；祭祀、礼仪及与"外藩"往来属礼部；军马兵事属兵部；法律刑名属刑部；修城修河营造之事属工部。这些题本都是例行公事，所以先经内阁根据本章内容，拟出批答意见两三种或一二种，写在纸签上报入内廷，由皇帝选定其一种意见，交批本处用红笔代为批写在题本表面上交出，经此过程，题本的名称即改称红本，内阁的红本库中堆积如山，为内阁档案的大宗。

　　因为批本处是代批谕旨的，所以这个机关不在外朝内阁区域，而在内廷乾清宫西庑，表示批签出自皇帝，因其在内廷，故批本官均用满人，批本处初名批本房（《乾隆会典》），乾隆中改名批本处（《国朝史续编》）。据《嘉庆会典》卷三"批本处"条："批本处掌批本，凡进本，司其收发。"其下小注："批本处额设满洲翰林院官一人，于翰、詹内开列简放；中书七人，由大学士于满中书内拟定正陪引见补授。"

工作程序大体如下：本章进呈后，批本处照钦定清字签，用红笔批于本面，每日进本，由满票签处中书恭捧本章赴乾清门交批本处中书收，即将应下之本，交满票签处中书恭收。遇有改签及折本，皆存贮档案，按日交发，遇有大祭日或忌日，则不进本或不进刑名本。

所谓改签，即内阁所拟的均不合适，需改拟，所谓折本，是内阁所拟票签需再斟酌商议便在本章上以折叠为记号，称为折本，暂存批本处。折本是在举行御门听政时，决定批答，每折本下，即交内阁将所折本写二单，次日随本交进，另匣收存本房，俟有旨某日御门理事，前一日随交事时进呈，御门日，内奏事传旨，派某人读本，如派出之阁学系在内廷行走者，该员至本房请本；如不兼内廷者，批本官将折本交出该阁学恭领，皇上升坐，读毕交内阁遵旨改签。

批本本章进呈次序：祭祀本章排在前面，在有祭祀本章时，主管部门太常寺列在各部之首，一般时期进呈次序是：吏部、户部、礼部、兵部、刑部、工部，宗人府、理藩院、通政司、大理寺、翰林院、詹事府、太常寺（如进祭祀本排在吏部之前），光禄寺、太仆寺、鸿胪寺、国子监、钦天监、銮仪卫、内务府、上驷院、武备院、奉宸院、五城（东西南北中）御史、六科（吏户礼兵刑工），各道御史、包衣御史。

批本处虽为一独立机构，但其所存档案极少，只有几种事务性档案，如：

《行取本章数目白档》：批本处交内阁满票签，将本章进过部本数目，详细查明，务于封印前送交本处，以备缮片具奏，并饬令纸匠，将本处应用白档十本，作速订妥交进。

《传片档》：批本处为片催事，所有廿二年祭礼单，经本处片传礼部行取，迄今未据交，相应再传该部作速开具清单，即日交进，以便缮折具奏，勿得迟延，嘉庆廿一年。

批本处除进呈本章这一主要职掌外，因其官员日处内廷，又均系满人，有时也参与一些内廷事务，如每逢大选秀女之年，批本官于其日值班者，回明御前大臣，于晚饭后过神武门值宿照料秀女。（见《批本处事宜档》）

批本处现行事宜二卷为咸丰元年内阁学士载龄中书文启合撰，卷首有蕴秀序。案批本处隶属内阁而直庐则在乾清宫西庑，初名红本房（乾隆《会典则例》卷二），乾隆中改称批本处（《清宫史·宫殿门》），《嘉庆会典》卷三："批本处掌批本，凡进本司其批发。"注云批本处额设满洲翰林院官一人，于翰詹内开列简放中书七人，由大学士于满洲中书内阁拟定正陪引见补授，本章进呈发下后，批本处照领定清字签用红笔批于本面，每日进本由满票签处中书恭奉本章赴乾清门交批本处中书收，即将应下之本交满票签处中书恭收，遇有改签及折本，皆存档案，按日交发。

这本现行事宜，内容简单，主要所记事宜有如下事项：

祭祀本章：太常寺、坛庙陵寝。

各部院衙门次序：吏户礼兵刑工六部、宗人府、理藩院、都察院、通政司、大理寺、翰林院、詹事府、太常寺（如进祭祀本排在吏部之前）、光禄寺、太仆寺、鸿胪寺、国子监、钦天监、銮仪卫、内务府、上驷院、武备院、奉宸院、五城（东西南北中）六科（吏户礼兵刑工）各道御史、包衣御史。

祭祀本章。

各衙门次序。

各部院值日次序。

进本批本。

不进本日期。

回避刑名日期。

折本。

每折本下即交内阁将折本写二单，次日随本交进，另匣收贮本房，俟有旨某日御门理事，前一日随交事时进呈。御门后阅学读毕交内阁遵旨改签，御门日内奏事，传旨派某人读本，如派出之阅学系在内廷行走者，该员至本房请本，如不兼内廷者，批本官将折本交出，该学士恭领皇上陛座读毕交内阁遵旨改签。

据清代会典所记，凡题本进呈后逾二日乃下，其紧要之事当日即下，《清会典》卷二注载：

> 进本奉旨后，下批本处，次日由批本处加写，又次日乃下于内阁，有紧要件奉旨速下者，即于进本之日下内阁。

凡题本经批本处照钦定之清字签用红笔批于本面后下阅，再由内阁汉学士批写汉字，亦用红笔批于本面。所谓本面非在一幅上也，乃前后之本面，盖题本为满文汉文合璧之文字，满文自左而右，汉文自右而左，满文为清王朝之国书，题本分写两种文字，从习惯上看满文在题本之后面，实际为题本之正面，自左翻阅则汉文为后面矣，题本经过满文汉文批写后始谓红本。《清会典》卷二注曰：

> 得旨则批本处每日进本，或照批或另谕旨或于原签内奉朱笔改定及双签三签奉旨，应用何签，由批本处翰林中书等批写清字汉

字，批写汉字皆以朱书。红本之分有六，曰吏科，曰户科，曰礼科，曰兵科，曰刑科，曰工科，故又称之曰六科红本。

其所以言红者，盖别于皇帝朱批也，皇帝亲批皆以为皇帝特制之朱墨而研之，其色深红而带紫，数百年色愈浓，故宫中所存之有朱批奏折可覆按也。批本处内阁所批题本虽亦研以朱墨书之，则不能用御墨之朱色，红本而淡，朱批一名为帝王所专用，其朱色亦别于批本和内阁之批红。

凡题本批红后，六科给事中赴阁领本，即视其事之所属，遂分别传钞于各衙门。据《清会典》卷六十九：

本章命下，事属某部者，即由某科钞清汉文交出某部为正钞，如关涉数处者即以本送别科转科转发为外钞。

此外再别钞二通，不全录题本，只钞题本之贴黄（贴黄在本尾即题本内容之撮要，名曰贴黄），所钞二通贴黄，一曰史书，一曰录书，供史官记注者曰史书，储科以备编纂者曰录书，皆校对钤印，史书送内阁录书存科。在内阁大库档案中，红本之外装订成册史书亦夥。

清代内阁大库档案，以红本为最多，史书附之，因之清代内阁红本列为专库，约一九三〇年启库时，尘封盈栋，积若崇山，卷帙纷繁，浩如烟海。

题本原为官文书之本名，加批红后遂称红本，在暂缓待批时则折页为记，于是又称折本，在京师和地方进本之初，又有部本、通本之别，其区别按下列规制：

凡各省将军、督抚、提镇、学政、盐政，顺天、奉天府尹，盛京五部本章俱赍至通政司，由通政司送阁为通本。

六部本章及各院、府、寺、监、衙门本章附六部之后，统称部本。

通本部门到阁，由阁票拟呈进，奉旨后先由批本处照票拟签批写清字，再交内阁批写汉字，皆以朱书，是谓红本，发科转钞后，仍缴内阁，此为内阁设红本库之由来也。

（选自《我在故宫七十年》）

清宫奏事处职掌及其档案内容

　　奏事处为清代皇宫中内廷机构之一。自从清代康熙朝以来，王朝大小臣工凡属奏报个人或有关他人事件，或机密事件，均用奏折。这种上报文书，不像上报例行公事的题本那样是由通政司衙门代转，奏折则是通过奏事处直达封建皇帝面前。上达皇帝的运转过程中有下列手续：奏事处分外奏事和内奏事。其最高一级长官为御前大臣。内外奏事处组织是：外奏事处有侍卫一人，于御前侍卫或乾清门侍卫中挑选。这两种侍卫官，都是每日在内廷保卫封建皇帝的亲信，亦即高级侍从。其下有六个负责具体工作的章京。章京是由满语音译而来，最早是带兵的小武官。另外还有管理蒙古事务的蒙古侍卫六人，还有类似管档案性质的秘书，名叫笔帖式，这也是由满文音译而来。内奏事处人员均由内廷太监充任，因为外奏事处的侍卫不能进入内廷。内外奏事处的组织系统如下表：

外奏事处奏事官接折地点是在乾清门之东九卿房，内奏事承值地点在乾清门内西庑朝房。在未至九卿房之前，先在景运门外锡庆门南小房挂号，然后才进景运门至乾清门院九卿房。小房坐东朝西，房前有皇宫中著名甜水井一口。据清宫太监唐平顺言，递折挂号者，均称小房为"井儿上"（陈平顺为清朝慈禧太后叶赫那拉氏之亲近随侍）。在清代

御前大臣 ┬── 侍卫──奏事官（章京）── 蒙古侍卫── 笔帖式
　　　　　└── 奏事太监── 侍监── 记档太监

嘉庆、道光年间，吴振棫所著《养吉斋丛录》载：

递折之制，每日寅初二刻外奏事处官接收，宫中旧在乾清门左阶上，近来在乾清门阶下东边值房。圆明园则在奏事门外。奏折多不能辨识。道光十三年始定：凡各衙门奏事别具印文，奏事处官在值房灯下，逐一磨对，然后接收。其内官外补，外官入觐，不能具印文，则亲捧呈递。

又据清末人震钧著《天咫偶闻》载：

内廷奏事之制：每日子正，部院各以一笔帖式持折至东华门外。少俟，门启，随奏事官以入，至景运门内九卿房，以折匣及本衙门印片一纸，同交奏事官，奏事官登之于簿。少顷，乾清门启，奉之以入，至内奏事处，交奏事太监以达御览，时不过丑正也。乾清门石栏上置白纱灯一，递事者以此灯为表缀。若灯移至阶上，则事下不久矣。少顷，奏事官徐捧折而出，高呼曰：接事。则群集以

俟。奏事官呼某衙门，则某衙门人前。奏事官手付口传曰：依议；曰：知道了；曰：另有旨。

以上两则文献，述及清王朝中期和晚期接收奏折的制度。内外奏事处承值地点，原有建筑，现都存在，可供印证。

奏事处职掌，是接收转呈封建王朝京内外官员对农民的经济剥削和政治压迫的报告书，有的要及时下达指示，由奏事太监口传"谕旨"，有的批写在奏折上，或明降上谕，还有由军机处转代谕旨，名为"廷寄"（即由内廷寄出之意）。此外，奏事处还经管接收各省大员贡献之礼物，等等。

从清朝《会典》所载奏事处每日大约有以下各事：

一、接折：京内外各衙门的人员奏折先由外奏事接收登记，在寅正时（早五时左右）乾清门开启后，转交内奏事太监，进呈皇帝。

二、传宣口谕：外省人员奏报的事件，经皇帝看过后，将一般指示意见，由奏事太监口头传达给代递奏折的官员，转告给上报奏折的大官。

三、办值日班次：八旗侍卫处各部大臣，每日轮流在乾清门和九卿房值班，由奏事处安排。

四、（一）递膳牌：凡值日各官员和外省来京引见人员，皆须递膳牌，准备皇帝召见。膳牌由奏事处代递，按规定：宗室王公用红头牌；文职副都御史以上、武职副都统以上，外官来京大臣，文职按察使以上、武职副都统以上用绿头牌。牌上书写职衔、姓名，在封建皇帝吃饭前呈递，所以名为"膳牌"。清代膳牌用竹片制，宽约一寸，长约一尺，涂以白漆，牌的首端刻成如意头，涂以红漆或绿漆以示级别。本来绿头牌在清代初年原为奏事之用；非为后来引见官员之用，如王士禛《池北偶谈》载：国朝六曹章奏，悉沿明制，惟紧急事或引涉琐细者，则削木牌而绿其首，以满洲字书节略于上，不时入奏请旨，不下内阁票拟。雍正、乾隆以后，绿头牌即失去早期用途，专为引见官员之用了。

（二）递如意及其他贡物：清王朝在喜庆日、年节日或帝后的生日，王公大臣皆递如意和其他珍贵贡品。此外，还有年例贡物，日常京内外大官也有随时呈进贡物的。包括过去的王朝的藩属国的贡物都由奏事处代进。所进如意形状像植物灵芝草，象征吉祥长寿。制作如意有用黄金镂丝的，有用紫檀木、黄杨木上嵌珍珠和玛瑙的，有白玉或青玉的，还有翡翠或红珊瑚的，都是罕见的珍宝。现在北京故宫博物院已将种类缤纷的如意陈列出来，用以揭示封建统治者穷奢极欲的生活。

清宫奏事处留下的重要档案有下列各件：

汇奏上谕：凡有上谕发交内阁或军机处者，每月均须汇总钞录复奏，奏事处查对后存档。

汇奏奏折：各部院衙门奏折，由奏事处发交内阁月终汇钞成帙后由奏事处存档。

登文档：记各机关给奏事处来文件数。

奏事档：记载各衙门奏折，发交各主管部议论，由各主管部提出处理意见，事后将事由及朱批登成簿册存档。

提奏提知档：内容类似奏事档，其中注有已否提过字样，所谓提过，是将应办未办的事件，在办理之后将结果注明。如乾隆朝档中有"乾隆廿七年十一月十二日，奉旨交下三年已满来京河南学政秦百里朱批记载名单折一件，著尔等归在放道府一事，有放道府提奏。钦此。"在这条下注云：本月十九日已放颍州府知府。

奏事略节档：记奏事人姓名及所奉谕旨，内容和奏事档相同，只是记录简略事由。

交钞档：凡内阁发钞的折件，记载折件事由及件数。

日记交钞档：内容和交钞档一样。在嘉庆五年交钞档中记有："嘉庆五年五月廿一日，军机大臣庆、董、傅、戴，传旨交奏事官，嗣后遇有六部各衙门，钞奏折事件，俱著交内阁发钞，不必交各衙门。钦此。"

捷报档：记军事奏折。曰名"捷报"，取军事胜利之义。

朱批档：记每日收到京内外各衙门将奉有皇帝亲写谕旨（朱笔批示）的奏折缴回奏事处的事。

缴回朱批奏折原件：朱批奏折即经皇帝用朱笔批示过的折子，从雍正朝以后凡是奉过朱批者每年年终都要缴进皇宫。雍正以前经康熙朱批者亦追缴，康熙晚年所批的权威大臣如年羹尧、岳钟琪和江宁、苏州、杭州三织造等人密缮之折，大都经奏事处存储内廷。

底簿：和朱批档一样，按缴回朱批奏折事，始自雍正朝（详释见朱批奏折条）。

召见档：记载每日召见官员人名。

伊都档：伊都为满文译音，其义为值班。此档是记载紫禁城内值班王公大臣的人名。

蒙古事宜档：记每年赏给蒙古王公和有品级的大喇嘛等人的物品。

事宜档：和蒙古事宜档同。

随封银两档：清代各地方总督、巡抚、将军等大官，向皇帝进呈贡物，所进的礼物贡单照例须由奏事处转呈皇帝。进呈贡物的官员，对于日常接近皇帝的奏事处官员，要馈赠银两，名为"随封银两"。

军机印出入日记：军机处印收藏在内廷，用印时由军机处委派人员会同奏事处取用，奏事处登记存档，以稽考军机处用印事宜、日期，是防止军机处弄权之意。

印花档：各省总督、巡抚、将军和其他有上奏折资格的大官，由奏事处发给印花，是为粘贴在奏折包装封口处，防止有人偷看。包装奏折有两种形式：一为折匣；二为夹板。折匣附有两把锁钥，奏事处有一把，上奏折的人有一把。奏折到皇宫，奏事处用钥匙开启折匣，将折呈进皇帝阅批。皇帝批示后，再退原奏人开匣阅看，以便遵循办理。折匣上锁后还用印花糊住。夹板是用两块木板夹住包裹好的奏折，用丝绳将夹板捆绑牢固，在丝绳打结处用印花糊住。印花使用数字及日期均记在簿内，以备核查。

内廷赏赐档：记载赏给妃、嫔、贵人、常在等各级内廷妃子物品簿。

陈设档：记载宫中、行宫园囿，如避暑山庄、盘山行宫、圆明园、清漪园、静宜园、静明园等处各宫殿内所陈设的家具什物书画文玩等。有时更换陈设，则粘条记明。此类档案实际上是宫廷宫殿的原状记录，可惜未全部留存。

杂录档：不属专案性质的记录簿，项目繁杂，所以名为"杂录"。兹举二事为例："道光八年十二月十九日奉旨，阮元著于本月廿七日进乾清宫，赏福字。钦此。""嘉庆十三年奉旨，毓秀系应行递折之员，乃挽人先向奏事处商问，实属非是，著交部议处……"

和图礼档：和图礼为满文译音，意义和杂录档一样。

请假档：记应进宫值班的王公大臣请假事。

奏事档：系一种小本档案，每日一册，记载京中各部院衙门上奏各种事件的简要事由。

交班档：记载各大臣在宫中交接值班事。在清代末年叶赫那拉氏垂帘听政时期，内忧外患丛集，叶赫那拉氏特降一道"懿旨"，叫在军机处档中、奏事处档中，在档簿的开页上均写"太平无事"字样（见光绪十九年交班档）。

朱批奏折：是皇帝亲手用朱墨批示各大臣的奏折，本来都应当存在原上折的人手里，胤禛（雍正）时开始下令缴回宫中。清朝康熙皇帝是个多子的人，原来立过允礽为太子，由于种种原因，屡立屡废，于是其他诸子竞争为王储。主要人物有胤禛、允禩、允禟、允䄉（本来都是"胤"字，后来胤禛做了皇帝，其他人就改为"允"字）。当时胤禛的亲信在朝中有舅舅隆科多，在外有掌兵权的大将军年羹尧。其他弟兄亦各树党羽。传说玄烨在畅春园病重时，胤禛有谋父逼母之嫌，得以称帝，在清代历史上胤禛入承大统事，为清朝三大疑案之一。胤禛为争夺宝座，还有弑兄屠弟之事，史话不再细说。胤禛即位后即下谕旨，命各大臣将其父玄烨生前批示之折，一律缴回宫中，其意应是侦查在争夺宝座时，朝中大臣谁忠于己，谁为其政敌之人。雍正八年七月初八日，又下谕说诸臣奏折经朕朱笔批示者，俱令呈缴以备稽查（《上谕八旗》）。开始是收集他父亲的朱批，后来自己的也要收回，自兹以后，历朝遂为定例，因而宫中存有大批朱批奏折原件。雍正十年，胤禛曾将他所朱批过的奏折，选择可以公开的准备刻板印行。雍正十三年，书未编成，胤禛死去。后由其子弘历（乾隆）检定胤禛选录已定的，汇著目录刊行，凡二百二十三人，分十二帙，名曰"朱批谕旨"。此项奏折散在各朱批奏折箱中，凡已刊行者在包皮上写"已录"字样，未选入者写"不录"字样。故宫博物院曾将不录奏折编制目录，题名曰"雍正朱批谕旨不录奏折"。检查胤禛所不欲公开的奏折中，有的内容确实有与他争夺帝位时有关的人和事，兹记录几件以证之：

范时绎奏　诚亲王行动事件；

李维钧奏　年羹尧事件、允禵行动；

孔毓珣奏　年羹尧财产；

裴徸度奏　年羹尧运木事、孔传熹代完关税；

王景灏奏　年羹尧委办城防事、捐马事；

韩良辅奏　查报李绂情形；

宪德奏　查岳钟琪财产；

魏廷珍奏　题参年羹尧的用人；

李卫奏　曾静案；

许容奏　查出侵吞塞思黑财产（塞思黑即允禟），参年羹尧、岳钟琪路过祖茔并未致祭事。

以上几件不录奏折，均系有关胤禛继承帝位的史料。

裁去名称奏折：在清宫中有一部分大臣奏折，将前一行奏事人的官衔姓名裁去，这种奏折是由于所奏报的内容重要，并牵连数省或多人，在皇帝发交各处议论时，对原奏人予以保密，因而裁掉原奏人的职名。我们在清朝实录中以及由实录摘辑的《东华录》里，常看到清朝皇帝所降的谕旨开头写"有人奏"字样，即属此类。

留中奏折：奏事处将奏折送呈皇帝后，对所奏的事一时不易作出决定，暂时留一下，名叫"留中"。一般奏折在平日早晨都是与军机大臣在养心殿会商后决定，朱批于折上。军机大臣从养心殿退回军机处值房，由军机章京钞录副本存档，并摘记奏折事由，连同朱批登记于簿册，名叫"随手登记档"。至于留中奏折，在随手登记档中只写"某人折留中"。由于原折留在皇帝寝宫中，所以无副本存档。案"留中"一词在唐代已有此名，其意义与清代不同，它是排选臣下所撰拟的文字优美者，另写一份留存宫中，谓之"留中"（见《唐会要》）。

汇抄奏折：是将若干大臣所上的奏折按年月排比汇抄成册，这是清代奏折又一种副本。

汇抄上谕：将上谕按年月汇抄一起留存宫中备查，是上谕档副本的一种。

密缮小折：康熙朝命亲信的地方大臣包括兼任特务工作的三织造官，要他们亲笔缮折，不用书吏代笔，奏折短小，用奏匣秘密送到北京皇宫。这些奏折内容多是密报他人私事动态和地方民情等事。江南三处织造官均系宫廷中内务府旗人，他们将汉人大官在地方的行动密报给皇帝。这些折子二百多年来一直秘藏在康熙居住和日常活动的乾清宫西庑懋勤殿内，一九二四年溥仪出宫后在一木箱中发现，箱上贴着康熙亲笔所写不准任何人私开的纸条，其中有王鸿绪、曹寅、李煦等人奏折。

除去上面所介绍的档案内容之外，奏事处还有《事宜便览》一书，专记宫廷中的琐事，此书为写本，是清朝光绪年间奏事处人员为了备忘而编的。在《事宜便览》中著录了若干条应办之事：

每年正月初一日开门后，理藩院代进无量寿佛一尊交中正殿，哈达一块交自鸣钟处。每年正月初九日宗亲宴，十八日廷臣宴，初八日将牌子各一份和单子向奏事处要齐。

按：清代王朝为皇帝祈求长寿，每年定时由臣工进呈无量寿佛，蒙藏少数民族则通过理藩院衙门代呈。遇到庆寿日或其他庆祝的事，王朝官员亦大量进呈珍贵物品，其中也有无量寿佛，若是遇到皇太后、皇帝、皇后等的生日，更是不可缺少的贡物。数量要多，以奇数最高为准，一般都要进呈九九八十一尊，以祝帝后能活到高龄。定时进呈的无量寿佛照例交中正殿供奉。中正殿为故宫一组建筑群，是属于密宗喇嘛庙宇。进呈的哈达系丝织品，是密宗象征吉祥的礼物，交给自鸣钟处。自鸣钟处为皇宫内廷一个机构，除管理宫中钟表上弦定时事，还管其他琐事，如夜间坐更等。

正月十二日，内务府奏十五日保和殿筵宴，随交承应卡子，黄白六份，再向卓钦要蒙古坐次黄二份、白六份。

按：清代照例正月在保和殿宴会蒙古王公，宴后还在宫中看戏。《事宜便览》中所称"承应"，即皇宫中编演的戏本，外面所没有的，大都是属于歌颂王朝和庆祝节日的内容。宫中设有管理戏班的机构，名南府，后改称升平署，包括执掌宫中朝会时演奏的"丹陛大乐"和"中和韶乐"事。宫廷演员最早为宫中太监，后来又传进外边演员，称为外学，宫监演员则称内学。在乾隆朝，弘历多次南巡江浙，还带来南方演员为宫监演员的教师。现在清宫中还存有大量剧本和数千件戏衣。承应戏剧本大都是在乾隆朝为庄亲王允禄和文学大臣张照等所编，词藻雅丽。数千件戏衣则多系江宁织造、苏州织造、杭州织造衙门所经办进呈的。承应剧本名称很多，每年元旦日演喜发五位、岁发四时；正月灯节日演万寿长春富贵灯；端阳节演混元盒；七夕节演仕女乞巧；中秋节演天香庆节；成年的小皇帝结婚演列宿遥临、双星永庆；皇帝生日演群仙祝寿；皇太后生日演九九大庆；除夕日演除旧迎新、升平除岁等剧目。此外，还有太平歌词、小戏，是在宫殿内小戏台演唱者。在清宫的漱芳斋、倦勤斋、怡情书史、丽景轩殿内过去均有小型戏台，现在只存两处了。传说弘历（乾隆）亦能演唱，有时自己操板击鼓演唱小戏，宫中太监等人称为"御制腔"。

以上是见于奏事处《事宜便览》所记奏事官所担任的内廷事务。

案自雍正朝始，清代职官中地位最重权力最大莫过于军机大臣，最亲最近者莫过于御前大臣，虽内阁大学士能比拟古代首辅宰相，亦仅为荣衔之官。奏事处为御前大臣所管辖，无论京中外省递奏折的大臣，皆须附以钤盖印章的印片，随同奏折交给奏事处。其式是平行的"咨文"，军机处与奏事处的往来亦属平级程序。至于外省督抚司道等官与奏事处周旋酬应，取悦于奏事处视为当然，例如例贡随封银两即其一端。所谓例贡，即逢年按节或帝后生日大臣们进呈贡物时，随着贡品之外要赠给奏事处及抬运贡物的太监等银两，名为随封银两。这是王朝各级官员从劳动人民身上剥削的财富，既进贡给皇帝，还要以之公开贿赂皇宫中奏事处人员。内奏事处太监同外官交结泄露宫廷机密以换取财富，那是习以为常的事。清代末年叶赫那拉氏时代的李莲英、崔玉桂之流，干尽这等丑事是尽人皆知的。弘历（乾隆）自称睿主，亦有泄露任用道府官职消息的事，见乾隆三十九年谕旨。乾隆朝大学士和珅当政，上奏折的都另写副本送给和珅看。在颙琰（嘉庆）行将即位之前，和珅先向颙琰呈递如意，暗示消息。这件事在颙琰治和珅罪状时列为二十条大罪之一。过去研究清史者，皆认为和珅为大学士、军机大臣，有权有势才能得此。其实和珅能这样做，关键在于兼任御前大臣且兼管奏事处之故，其弄权比大学士、军机大臣机会多而方便。现借介绍奏事处职掌及其档案，附带论述其关系，为研究清史者之一助。

按过去历史档案，有"宫中档案"一种，当时是将内廷（即故宫的后部）收藏的档案汇集一处，名之曰"宫中档案"。查清代历史档案，一向均以机构职掌名之，如内阁档案、军机处档案、内务府档案，属于私人者，如端方档案等。清代并无以"宫中"为名的什么机构。所谓"宫中"，系指帝后居住的区域，奏事处系处在内廷中的一个机构，所有奏折的呈进或批回均由奏事处收转，因此所谓宫中档案，大都属于奏事处者。本文即根据此点，废"宫中档案"一名不用，而以奏事处档案名之。长期以来用"宫中档案"一名，起源于一九二四年溥仪出宫后、一九二五年成立故宫博物院之时，当时博物院组织是分为古物馆、图书馆、文献馆，而清代皇宫外朝地域属旧民国政府，故宫博物院处在皇宫内廷，文献馆是管理宫廷历史文物，包括大批历史档案，遂以内廷各处档案集中之后，冠以"宫中"之名。其实，各项"宫中档案"都应划归奏事处档案。

（选自《故宫博物院院刊》1986年1期）

四　清廷机构类

管理宫廷生活的清代内务府

组织机构及其档案

　　历代封建王朝均设有为封建皇帝及其家族、亲近侍从和宫女太监等服务的机构。这种制度渊源于奴隶社会。约于战国时期流传下来的《周礼》一书，在"天官地官"篇中著载不少为奴隶主生活服务的官员的官职。如职官有：膳夫，专门管理帝后吃饭的事；掌炭，为供应柴炭的官；司服，为管理奴隶主的袍带鞋帽的官；凌人，为夏季供应冰块的官；草人，为刈除宫廷杂草的官……到了封建社会，封建王朝把这一套制度基本上都继承下来，直到我国历史上最后的明清两代封建王朝。如明代有内府衙门和二十四司衙门，就是管理宫廷生活的机构，而它的各机关职掌内容，大体可在正史中追证，但不能求其细而全。至于当时的文书档案，和前代一样，都已无存，只能在编修成书的正史、会典和宫史中寻求大概。清王朝一切政治结构大都因循明旧，在清初设内务府，顺治十一年裁，置"十三衙门"，有司礼监、尚方司、御用监、内宫监、尚衣监、尚宝监、司设监、御马监、兵仗局、惜薪司、钟鼓司、织染局、尚膳监等，十八年裁十三衙门，仍置内务府，总理诸务。在清代《国朝宫史续编》中说："宫中生活本周官九式羞服币帛匪颁好用之各有常经"，说明它的制度渊源有自。在顺治十八年废十三衙门，仍称内务府，下设"七司三院"。辛亥革命后，由于"七司三院"大都在皇城区，不在紫禁城内，所以在王朝灭亡时各衙门档案均已散佚无存。独内务府堂衙门是在紫禁城内，而清代末帝溥仪在辛亥革命后仍居住在紫禁城内廷皇宫里，过着小朝廷生活达十余年，日谋复辟，一九二四年在人民呼声下将其驱逐出宫，因之内务府堂档案得获保存。对于清代皇帝宫廷生活，有文献可征。按清代内务府，其地位比拟清王朝的中央政府，"七司三院"比拟中央六部各机关，如广储司管理财政，庆丰司管理牛马牧放繁殖，掌仪司掌管礼制，慎刑司管理司法，会计司管理财务，计划都虞司管理山林河道，营造司管理工程建筑。七司除掌管主要职掌之外，还兼理宫廷中各项杂务，如广储司兼管磁器库、缎库、茶库、绮华馆（清代末年慈禧在宫中专设纺织绸缎厂），营造司兼管出租皇室房产，会计司兼管净身太监等事。此外为管理御用马匹的上驷院，管理禁卫军械的武备院，管理园囿的奉宸院。以上总称为"七司三院"。在皇宫内廷中，还有四执库管理帝王冠袍带履，缎库管理江南"三织造"（江宁织造、苏州织造、杭州织造）所进贡的丝织品及特制的帝后服饰绸缎，茶库管理江南产茶各省进贡的各种名茶，如意馆为宫廷中画家供奉春帖子、吉祥帖幅、节令画等。这都是宫廷中小机构。"七司三院"

则为较大的机关。内务府堂总管上述大小机关，其衙署设在皇宫内廷。辛亥革命后，溥仪仍居住在紫禁城内廷地区，因之内务府堂的档案亦得以保存。设于皇城区的内务府所属机构的档案虽然大都散佚，而在内务府堂的档案中均可窥其梗概。笔者在整理清代档案工作中，随手摘记档案内容，分列如下：

（一）上谕档类

据总管内务府现行则例载：凡总管内务府大臣所奉谕旨及奏事官员、宫殿监督领侍传宣谕旨……由堂主事笔帖式等承接，坐办堂郎中逐一查明，交各司院抄出。

按封建皇帝给内务府谕旨，有由奏事处奏事官呈递者，亦有宫殿监督领侍口传者，宫殿监督领侍为皇宫中品级最高的太监，是四品官，所有宫中太监均归其管辖。内务府堂主事，是在内务府负责一部分较高工作的官。笔帖式，为内务府掌管起草文书之官。坐办堂郎中，是内务府大臣之助手，类似今之秘书长。内务府所存的上谕档，为钞录的副本，其式如军机处上谕档簿。

（二）题本

内务府题本在顺治时有朱批者，每月缴进，康熙朝改为汇总上缴，旧存广储司，题本内容以钱粮经费的统计簿为大宗，在乾隆时改名奏销档，此改则名副其实。

（三）绿头牌档

绿头牌档是用以上报紧急事件，旧时是书于木片上，清代进关后已不贫纸，有时仍书旧名曰"绿头牌档"，实际已书在纸张上矣。

（四）红本档

为钞录奉有朱批奏折档簿。

（五）白本档

为钞录无朱批奏折档簿。

（六）奏折

内务府所上之奏折发下后即存内务府堂备查。

（七）奏稿

内务府所上奏折之原稿。

（八）行稿

经过内务府堂官画有发出致其他机关之公文，一般经大臣阅后写一"行"字，即可发出，因称之为"行稿"。

（九）奏案

与第七奏稿同类。

（十）奏底

与第七奏稿、第九奏案同类。

（十一）黄册

为题本之附件，均为奏销银和物之事，以其档簿用黄色绫为封面，因名"黄册"。内阁大库黄册档数量极夥。

（十二）日行公事筒

是清代一种特殊形式的档案，只见于内务府档案中，简称"事筒档"。在内务府堂经办事务的官员，将每日经办事件汇总，将有关文件装在筒式的纸袋中。汇集装袋之事由最低级的名为"供事"的书吏任之。装后在袋上标写"某老爷事筒"，二人合办者，则在袋上写明二人姓名。事筒袋是历史档案中最原始之材料。此外，还有以事为单位的事筒档，属于人事升迁事，则名曰"缙绅事筒"。

（十三）堂谕

为内务府大臣对其僚属所下的指示，下属人员称为"堂谕"。

（十四）织造缴回案卷

宫廷交下"三织造"纺织事，一般由内务府下达。织造官属内务府包衣旗籍，虽可对皇帝径上奏折，但以隶属关系内务府实为其长。内务府所交织造事件皆属事务性之公文。织造官向王朝皇帝进密折则直达御前，非内务府大臣所能知矣。故宫中存曹寅、李煦织造密折，在康熙朝均由康熙庋藏懋勤殿密室中，溥仪出宫后清室善后委员会即于懋勤殿见之。

（十五）呈稿

内务府所属"七司三院"及各处所有奏销钱粮经费等事，在奏报之先须经内务府堂审查存案，再由各报销机关正式办理文书。

（十六）咨文

咨文为平行机关相互往来文书之名，当日中央各部院及八旗衙门与内务府往来事件皆用咨文。此类档案有的还具册簿附件之类。

（十七）谱牒

为内务府所辖上三旗户口谱系簿。上三旗为皇帝亲将之旗兵，实为管家的旗籍人，盖皇室奴才也。满语曰"包衣"。

（十八）造办处

康熙十九年建立，初名养心殿造办处，类似明代之果园厂，专为宫廷制作各种工艺品。康熙皇帝注重自然科学和中国各种工艺美术、音乐等，曾敕命编辑历象、音律、天文、地理各书，制作星球仪，测绘全国舆图，所以在宫中设立养心殿造办处，其下有若干工艺专业工厂。到乾隆朝时，还有四十余处。有清二百多年留下的宫廷制品，品类极多，其档案亦颇多种类。可惜在辛亥革命后库房坍塌，珍贵工艺档案未能全部保存。一九二四年十一月溥仪出宫后，清室善后委员会在垃圾尘土中还捡出若干工种的古老工具，当日余正供职故宫博物院，曾建议作为文物保存，直到解放仍存。不幸在"破四旧"风中，以废铜烂铁视之，今已无存矣！据内务府现行则例载，在乾隆年间造办处工厂还有裱作、画作、广木作、匣作、木作、漆作、雕銮作、镟作、刻字作、灯作、裁作、花儿作、绦儿作、錾花作、镶嵌作、牙作、眼镜作、如意馆、做钟处、砚作、铜作、鋄作、杂活作、风枪作、玻璃厂、铸炉处、炮枪处、舆图房、弓作、鞍甲作、珐琅作、画院处。乾隆时代曾将江、浙、闽、广各省特种手工艺众多能工巧匠集中到北京，在造办处制作各种工艺品，有时还请江、浙、闽、广各省专业巧匠在本省为宫廷制作，如故宫乐寿堂中所陈设的重约五千三百多公斤的大禹治水玉石山，即由江苏扬州工匠按照清宫所藏《大禹治水图》为稿本雕刻而成的。故宫博物院珍宝馆所陈列的珠宝玉石以及黄金所制各类精巧工艺品，大都出自宫廷造办处。在乾隆年间修建的宁寿宫花园，一般称之为乾隆花园，园中亭台楼阁和室内装修，诸如镶玉、嵌银、刺绣、编竹、黄杨木雕刻、景泰蓝、象牙等各种装饰，集十八世纪时期我国工艺技术之大成。此外，在江浙两省还设有江宁织造、苏州织造、杭州织造三个专司织造衙门，日新月异地创制丝织品。到了清末慈禧时代，又在宫中设立绮华馆，设计织造新样的绫罗绸缎。江南的"三织造"按它们本职来讲，是将江南一带蚕业生产悉数垄断起来，纺织各类绸缎全行进贡入皇宫。织造官都是由皇帝亲信的世代包衣旗人（奴隶）任之，虽非政府中大官，但与地方总督、巡抚等所谓封疆大吏往来，则是平行关系。他们作威江南，剥削农民极重，并负有特殊秘密任务，即随时将江南各省大吏，尤其是汉族大官的居官情况、生活情况、官场往来关系、地方百姓思想活动等，密缮小折向北京皇宫中呈报。在政治上，"三织造"实质是皇帝派遣驻扎江南各省的特务官员。

（十九）膳单档

是皇太后、皇帝每日早晚吃饭的饭菜单。皇太后、皇帝吃饭，尊称曰"用膳"，此制亦渊源于《周礼》所记"膳夫"之职。清代有御茶房、御膳房，专司制作各类珍馐食品。皇太后的膳房叫"寿膳房"，皇帝的叫"御膳房"。此外，还有皇帝偕带妃嫔游山玩水在旅行途中的膳单。如乾隆帝出巡江南的膳单，名为"江南节次照常膳底档"。在寿膳房、御膳房之外，还有寿药房、御药房。在清末时，交泰殿东庑有寿药房，其中药箱、药罐在溥仪出宫后犹存若干。南三所之东墙外，有御药房制药处，制药工具皆存。所制之药以夏季驱暑之剂"万应锭"、冬季防煤薰之药"平安散"数量最巨。此类药品，宫中各处夏冬二季分配使用，京中各机关亦可获得。溥仪出宫后数年，制药处房屋坍塌，今已不复见矣。现原址为故宫博物院养花苗圃。

皇宫中日用生活品在典章上都有规定。这种规定形同虚文，实际所需大为超过。以三餐而论，有按节令的时菜、勋臣贵戚之贡菜、地方大吏所进特产之土贡，日有收进。即以所规定之品种来说，固已挥霍之极，真是"帝王一餐饭，农民数年粮"。

在档案中常见的职官人等的名衔有：

总管内务大臣二名至四名，为内务府衙门之最高首长，有头堂、二堂之分，头堂为首席坐办堂郎中，类似内务府衙门之秘书长。

郎中，类似副秘书长。

主事，职在郎中之下，分掌各事。

委署主事，位在秘书级笔帖式之上。

笔帖式，类似秘书。

员外郎，低于郎中，其实职又低于主事。

供事，钞写文书人。

苏拉，闲散杂役。

妈妈娌，宫中干粗活之妇女。

嬷嬷，与妈妈相似，其地位高于妈妈。

阿敦侍卫，属上驷院。

弓箭固山达，属武备院，管弓箭的八旗官。

备前固山达，属武备院，准备弓箭的八旗官。

内务府各机关专理档案的机构为数甚夥，且每一小单位均有种类庞杂的档案。辛亥革命后，在紫禁城外围机构的档案大部分均已无存。现中国第一历史档案馆从故宫博物院转移去的内务府档案，以内务府堂档案为其大宗，其余则有紫禁城内廷中由内务府堂管理的各附属小机构的零星案卷。兹从内务府堂档案以及散见在各则例书中的资料，汇其掌管档案机构如下：

内务府堂：堂档房、咨文房、堂稿房。

广储司：折奏房、咨文房、黄册案房、蓝册案房、库账房。

都虞司：钱粮房（又名后堂）、西档房。

会计司：人房（即户口档）、销算房。

掌仪司：东西档房、折奏房。

慎刑司：堂案房。

营造司：画匠房、总理工程处。

庆丰司：总房。

官房租库：东档房、行文案房（银款生息）、进账案房、后档房、民钱案房（银款生息）、月折案房。

掌关防管理内管领事务处：档子房。

造办处：档案房、来文房。

武英殿修书处：档案房。

御茶膳房：堂档房。

上驷院左右司（马匹钱粮）：案上档子房。

南苑：京档房。

圆明园：档房。

稽查内务府御史衙门：注销处。

三旗参领处：咨房、皇子房。

按：官房租库属营造司的分司，是皇室剥削百姓的机构之一，其职掌是经营官房出租和开设高利贷的典当铺。

清代内务府的设置及其作用大都因袭和适应奴隶社会、封建社会历代君主日常生活之需因而了解清代内务府的情况，对研究封建社会末期的宫廷生活、对研究古代帝王生活史有着很重要的意义。《周礼》中记周王朝有"凌人"、"草人"、"膳夫"等，及至清代亦有管草、管冰、管膳的机构和官职，并有此类档案。

（选自《故宫博物院刊》1986年第3期）

清代内阁大库档案

公元一八九八年（清光绪二十四年），北京紫禁城里清代的内阁大库，由于年久失修，渗漏严重，内务府决定进行修缮补漏。一九〇〇年正在议工期间，遇到八国联军入侵，事遂停顿。一九一〇年（清宣统二年），有一个大库塌了一个角，其他库房也很危险。这些库房里存储的都是历朝文书——档案和历朝皇帝的实录、史书等。为了施工的需要，必须将库藏档案移出。当时将年代近的移至内阁对面的文华殿，年代远些的旧档案，则比拟援照旧例销毁。当时有一个内阁大学士兼学部大臣的张之洞，还有学部参议罗振玉等人建议，将所有档案都交给学部图书馆，先存在文华殿，不久即将档案迁到清王朝所称太学的国子监敬一亭里。留在原来库房中的一部分照旧堆积在库中。一九一一年辛亥革命后，北洋军阀政府在一九一四年打算办一个历史博物馆，就在国子监成立了筹备处，内阁档案是它的基本藏品。后来博物馆筹备处迁到故宫午门楼，档案也随着移到午门外朝房里，并有一部分堆在端门的门洞中。因为这批档案已归属于博物馆筹备处，虽然原档案大库就在午门内左边紫禁城墙下，但是并未将它归还原库。

自从这批档案移到午门后，在民国做官的清朝遗老之流，有不少人注意到这些"断烂朝报"，想在其中找到什么古董，如宋元版书籍之类。清代内阁大库里确有明代文渊阁留下来的少数图书。在档案划归学部时，曾检出若干册，由学部图书馆庋藏。而在乱杂档案中，当然总还夹杂着一些残本零页。当时北洋政府的教育部长是个著名的版本学专家，更是十分重视它，这时鲁迅先生正在教育部任佥事。这位部长曾指派鲁迅先生和另外一人，搬了档案二十袋到教育部，他们两人就在尘埃中寻宝。随后又搬去若干袋。总长次长们也经常在故纸堆中来往，有时将桌上检出较珍贵的东西拿到总长办公室里看，送还时，往往比先前的少一点。（参看《鲁迅全集·而已集》）一九二一年北洋政府财政奇窘，政府各部门各自筹款维持。历史博物馆原属教育部，为了筹发教育部职工的工资，将这批博物馆基本藏品留下一小部分，其余大部分装八千麻袋（一说九千袋），此外还有十五万斤，卖给西单牌楼北大街同懋增纸店，作为"还魂纸"原料，卖价是四千银元。从此，这批历史档案，作为商品定出价格。事为前清遗老罗振玉、金梁（息侯）等人知道，呼吁于世，轰动了北京报纸。罗振玉在一九二二年用一万三千元把这些档案买到手中，并且准备了藏书的书库储存这批档案。著名国学家王国维曾给他写了一篇《库书楼记》，记载大库流散经过，极为翔实。兹节录如下：

光宣之间我中国新出之史料凡四：一曰殷墟之甲骨，二曰汉晋之简牍，三曰六朝及有唐之卷轴，而内阁大库之元明及国朝文书实居其四。顾殷墟甲骨，当其初出世，已视为古董之一。土人仍岁有所掘，率得善价以去，幸无毁弃者。而西垂简牍卷轴，外人至此不远数万里，历寒暑冒艰险以出之，其保藏之法尤其备，独内阁文书，除宋元刊写本书籍入京师图书馆外，其余十三年之间，几毁者再，而卒获全者，虽曰人事，盖亦有天意焉。案内阁典籍厅大库为大楼六间，其中书籍居十之三，案卷居十之七。其书多明文渊阁之遗。其案卷则有列朝之朱谕、敕谕；内外臣工之黄册、题本、奏本，外藩属国之表章；历科殿试之大卷；其他三百年间档册文移，往往而在，而元明遗物亦间出其中。盖今之内阁，自明永乐至于国朝雍正历两朝十五帝，实为万几百度从出之地。雍乾以后，政务移于军机处，而内阁尚受其成事。凡政府所奉之朱谕，臣工所缴之敕书、批折，胥奉储于此。盖兼宋时宫中之龙图、天章诸阁省中之制敕库、班簿房而一之。然三百年来，除舍人、省吏循例编目外，学士、大夫罕有窥其美富者。宣统元年，大库屋坏，有事缮完，乃暂移于文华殿之两庑，地隘不足容，其露积库垣内者尚半，外廷始稍稍知之，时南皮张文襄公方以大学士军机大臣管学部事，奏请以内阁中所藏四朝书籍设学部京师图书馆，其案卷则阁议概以旧档无用，奏请焚毁。已得谕旨矣，适上虞罗叔言参事以学部属官赴内阁参与交割事，见库垣中文籍山积，皆奏准焚毁之物。偶抽一束观之，则管制府干贞督漕时奏折。又取观他束，则文成公阿桂征金川时所奏，皆当时岁终缴进之本，排比月日，具有次第。乃亟请于文襄，罢焚毁之举，而以其物归学部，藏诸国子监之南学。其历科殿试卷，则藏诸学部大堂之后楼。辛壬以后，学部后楼及南学之藏又移于午门楼上所谓历史博物馆者。越十年，馆中资费绌，无以给升斗，乃斥其所藏四分之三以售诸故纸商。其数以麻袋计者九千，以斤计者十有五万。得银币四千元，时辛酉冬日也。壬戌二月，参事以事至京师，于市肆见张文襄揭帖及高丽国王贡物表，识为大库物，因踪迹之得诸某纸铺，则库藏具在，将毁之以造俗所谓还魂纸者，已载数车赴西山矣。亟三倍其值偿之，贷京津间得银万三千元，遂以易之。于是此九千袋，十五万斤之文书卒归于参事。将筑库书楼以储之，而嘱余为之记。……壬戌七月。

但罗振玉先生不久就以高价卖给另一清朝遗老李盛铎了。李和罗一样在一九二八年后又转卖给当时北京历史语言研究所了。卖来卖去每次都是抬高售价作为利润和保管费，而每经一次手都要选择一部分认为珍贵的留下来作为货底子待价而沽。正因为是如此，所以这批档案分散多处，还有一批据说被日本人买走了。档案第一次做商品卖出时，其中的十五万斤李盛铎运天津有六万斤，留北京经两次转卖（同懋增李盛铎）已损失二万斤。历史博物馆未售尽之部分堆积午门上，较整齐一部分在一九二二年由北京大学移至北大三院整理，计有六十二箱一千五百零二袋，其中清代早期的档案较多。八千麻袋的东西有一大部分是清代修明史时由各部衙门里所存明代旧档，时间为明天启崇祯两朝，如题稿（是题本的稿，抄给有关机关的）、揭帖（公开文书的一种）、塘报（基层机关汇报的文书）之类。

在档案交给清末学部图书馆后，档案中的图书善本后来拨给京师图书馆，即今北京图书馆。原京师图书馆编有善本书目，其引言如下：

清内阁书即明代文渊阁藏节，杨士奇所编置也。阁中大库有内阁典籍掌管，清初曹贞吉为典籍时宋椠已散失殆尽，曹氏检阅宋本见欧阳公居士集八部，无一完者，嗣后典籍一官，多以满员充之，更不珍惜，甚至失火，几付一炬，今馆中所藏内阁之书均前清末由学部拨来，除残缺者外有水湿者，有烟焦者，有霉烂者大约失火时之受损耳。至清内阁书目，馆中人均未尝见也。兹有赵次原先生由部中携来悉照原计六册，计分四种，库存书目："库存残书一册，残复书目一册，碑图总目一册。"缮录一通，度藏书库虽与馆中旧藏间有不同，存此一编，尚得略见秘阁藏书之名，亦考古所不废也。中华民国七年五月八日京师图书目录课识。

自从内阁大库档案显名于世以来，一直是以商品流传，它的价值是反映在货币价格上。一九二二年，旧北京大学经北洋政府教育部的同意，将历史博物馆留下来那部档案，移至北京大学研究所国学部门代为保管和进行整理，当时搬去六十二箱一千五百零二袋，北大组织史学系、国文系教职工、学生进行整理，本人亦曾参与此事。并成立了"清代内阁大库档案整理会"的组织。这批档案开始成为研究历史的资料。这些档案已经不是买来卖去的商品了。

一九二四年十一月，在全国人民的呼声下，将盘踞在故宫后部的清代最后的皇帝溥仪轰出来了，收回了皇宫的后半部，在一九二五年十月成立了故宫博物院，内设古物、图书、文献三个业务馆，文献馆负责管理宫廷，历史文物和宫廷历史档案工作。开始先将内廷皇宫中的机关档案集中起来进行整理，随后打算将内阁大库中残存的档案也一并统一保管。但内阁大库地址处于外朝区域（外朝为太和殿、中和殿、保和殿、文华、武英二偏殿，都是象征封建王朝的建筑），在辛亥革命后溥仪仅将外朝宫殿交给民国，溥仪还在内廷居住，外朝宫殿则归北洋政府内务部管理，曾将热河避暑山庄和沈阳故宫陈设的文物在外朝成立了一个古物陈列所。内阁大库档案虽然他们没把它看作文物史料，但地区是在古物陈列所的管辖范围内。他们对库藏档案任其尘封鼠啮不予过问，故宫博物院为了要把这批外朝的档案和内廷的各机关档案统一保管起来和进行整理，几经和古物陈列所及其上级机关内务部交涉，当时对方认为这些档案可以换成货币不肯让给，经过若干波折到一九三〇年才同意由故宫博物院接管。到一九四九年全国解放后，在一九五二年归北京大学那批内阁档案又和故宫所藏合在一起，组织专门机构整理。这批一向作为商品的历史档案，这才起到了为社会主义革命和建设新中国服务的作用。

　　内阁大库在故宫午门内东南，地邻紫禁城南墙，原为明代文渊阁旧区域，据《中书典故汇纪》引《可斋笔记》："文渊阁在午门内迤东文华殿南，砖城凡十间，皆覆以黄瓦，西五间中，揭文渊阁牌，牌下置红柜。藏实录副本，尽前楹设凳，东西坐。余五间列书柜，隔前楹为退休之所"。据此推论明文渊阁在藏实录之外，还隔出地方为阁臣退休之所，可以推断明文渊阁大学士承值亦在其地。又据明末孙承泽《春明梦余录》载："大学士值舍所谓内阁也，在午门内东南隅，外门西向，阁南向……阁制初甚隘，嘉靖十六年命工相度，以文渊阁中一间奉孔子暨四配像，旁四间各相间隔，开户于南，以为阁臣办事之所。阁东诰敕房装为小楼，以贮书籍。阁西制敕房南面隙地添造卷棚三间，以处各官书办，而阁制始备"。根据孙氏记载：文渊阁亦即内阁之值舍，在值舍之外还有书库在。孙氏所见之情景是经过一度改变，便于贮书籍，便于阁臣办事，但由此可知，明文渊阁亦称内阁。清代编辑历代职官表案语："谨案明文渊阁本在南京，成祖迁都后设官虽沿旧名实无其地，即以午门内大学士值舍谓之文渊阁，其实终明之世，未尝建阁也。"但明代仍称大学士值舍谓之文渊阁。在值舍之外亦有藏书之所。如明杨士奇文渊阁书目题本有这样的话："文渊阁现贮书籍……自永乐十九年，南京取来，向于左顺门北廊收贮，未有完整书目，近奉旨贮于文渊阁东阁。"当时杨士奇正为文渊阁学士，以辅臣身份司票拟，因而文渊阁东阁在书籍之外还有制诏、诰敕之类文书。清代入关后设内院，后改称内阁亦在杨士奇所称文渊阁旧地，文渊阁之名已不用，而旧存之书籍仍庋置在东阁之中。清代乾隆二十九年为了编辑《四库全书》。在文华殿后新建文渊阁以储《四库全书》。清代亦设文渊阁大学士仍属司票拟的辅臣职衔，非专管《四库全书》的职务，所不同的是清代文渊阁是专为储藏《四库全书》，非如明代杨士奇所称文渊阁书籍与文书两者兼存之用。（《故宫博物院院刊》第二期有单士元著《文渊阁考》可参阅）清代内阁库藏情况在辛亥革命以前地属禁密，外人不易窥见，如王正功《中书典故汇记》称："内阁堂上悬调和元气匾，乾隆九年御书也，堂外乃机密重地，一应官员闲杂人等不许擅入，违者罪不赦。"至于阁库收藏更为机密。据阮葵生《茶余客话》载："九卿翰林部员有终身不得窥其一字者……惟探开库之期随前辈一观，尘封插架，灰堆积土中，随意翻阅皆典故也。"又称："内阁副本，每届年终派汉本堂中书查对送贮皇史宬内。辛巳之冬（注：乾隆二十六年，公历一七六一年）祝宣诚前辈膺斯役，予偕往观，百数十年之章疏积若崇山。"清末震钧《天咫偶闻》载："光绪戊戌、己亥间内阁大库因雨而墙倾，凤昔以幽暗无人过问，至是始见其中尚有藏书。"由明清两代以来，内阁存贮书籍、档案，历代尘封，即使任事内阁人员亦不能尽窥其密。这个神秘库藏，到了二十世纪二十年代由于屋坏移出大量档案之后，才广泛为人民所获悉，又过了十多年，故宫博物院成立后，才彻底地了解库藏的一切。清代内阁中早期的东西还有一部分明代档案，主要为题行稿。所谓题行稿是上给皇帝的题本和通知有关部门的文书。这类文件总称为行稿，合抄一起遂习称为题行稿，里面包括不同机关的关系所用的文书。如：揭帖、塘报、咨呈（平行机关来往公文用咨呈）、手本和禀帖（下对上言事叫禀）等，这是清代修明史时候从王朝各部征集的明代档案。这些档案都是明代末年天启崇祯两朝的。在清内阁档案里，有一件各衙门交收明天启、崇祯年间但不著朝代和年而只有月份的文书，里面是这样记载的：

兵部项下：年卷一千七百四十二件，全卷六百八十三件，各衙门交收明季天启崇祯事迹。

兵部项下：天启年卷一千七百四十二件，全卷六百八十三件，不全卷一千零五十九件。崇祯年卷二万一千七百六十一件，全卷九千零九十四件，不全卷一万二千六百六十七件。簿册一百五十六本，全九本，不全一百四十七本。以上来文相符。

工部项下：奏疏四本，科抄七件，与来文相符。

太仆寺项下：天启崇祯年间刊就奏疏遗稿一本，与来文相符。

内务府项下：天启崇祯事迹书籍七百一十七本，全七百零七本，不全十本。奏疏七十三件，全六十六本，不全七本。

礼部项下：天启崇祯时事迹一千零四十二件，全六百三十九件，不全四百零三件。簿册三十二本，全十九本，不全十三本。

鸿胪寺项下：天启崇祯时事迹钞录稿一本，以上俱与来文相符。

《兵部邦政纪略书》一部计十五本，此书存贮本部现照定衔发遣，俟纂修时取交。

十二月十五日呈。

侍读学士郑、马、多。

侍读科、额。

典籍伊、钱。

堂大学士车、巴、伊、魏、李。

学士常、塞、帅、岳、多、蔡、刘、王、张、章。

上面迻录的单子就是清内阁大库存有明代各机关档案的由来。至于诏，诰，敕，铁券之属，则为明文渊阁东库的遗存。

故宫博物院文献馆于一九三〇年开始整理内阁残存的档案。当日，文献馆工作人员全部集中在内阁大堂中进行整理工作。先请任抬运之工人，每二人肩抬一筐，至内阁大堂，整理人分在若干长木桌旁，在桌上放置的档案包，或捆扎成堆的档案，或进行清除成寸的积土，分清何种旧档，然后按照朝代年月排，在原有纸包皮者，或用线挂有签条者，一律保存原档上。当日指导者有陈垣教授，沈兼士教授告知："'严格遵守''秤不离砣'的原则。"其意是：凡与档案原件上所附有一切文字、记号，不能轻易撤去，为了以后进行细致整理时，有原来记录依据。积数年之积累，清理出六种类别档案，在馆长沈兼士教授主持会议，系统编制成刊，当日委托同人方苏先生执笔，编成清内阁库贮旧档辑刊，六类档案名称：

第一编，典籍厅典藏之红本目录。

第二编，典籍厅典藏之图籍目录。

第三编，满本堂典藏之实录目录。

第四编，满本堂典藏之起居注目录。

第五编，满本堂典藏之六种史书目录。

第六编，满本堂典藏之杂项目录。

书成后，文献馆集体讨论，略加修改订正。沈兼士教授撰写叙文，方先生另有首编一文，资料虽为馆中同人集体辛劳而获，排比编订则方君之力独多，方君头脑清晰，思路敏捷，惜在抗战胜利之后，积劳成病，壮年逝去。沈兼士教授，亦在一九四七年归道山。良师益友，一时并逝，及今思之，使人追念。

内阁档案经过整理探索，大体有下类：

一、内阁承宣和进呈之文本书。

二、内阁缩纂的史料和记录帝王言行、官修书籍及有关文件。

三、内阁日行公事之档案稿件。

四、盛京移来旧档。

五、明文渊阁残存书籍。

内阁承宣之文书有制、诏、诰、敕、上谕、谕旨，都由内阁发出，内阁进呈给皇帝的文书有启、奏、题、表、笺等，以及其副本和随本进呈之图册、单签、殿试卷等。《光绪会典》卷二：

> 凡大典礼，则有制辞；大政令布告臣民；垂示彝宪，则有诏、
> 有诰；覃恩封赠五品以上官，世袭罔替者曰诰命、敕封；外藩覃恩
> 封赠六品以下官，及世爵有袭者曰敕命；谕告外藩及外任官名敕，
> 传敕曰敕谕。
>
> 凡内外衙门启奏本章并各官奏、有满文者，大学士、学士公同
> 票拟，进呈请旨，如有满汉文、蒙文者，发中书译、侍读学士校正
> 对阅，送大学士票拟，进呈谕旨。

大约在清初顺治年间，启本、题本、奏本并行，俱由内阁票拟批红。在明清史料七十页，有保定巡抚任茂年启本，七十一页有大学士冯铨、洪承畴启本，俱批红。顺治三年，多尔衮谕内院停止。在大库残留档中，有顺治二年奏本四件，五年奏本五件也有批红。康熙朝以来，奏本只上报有关个人事，非如题本连篇累牍陈述公事，则不再由内阁票拟批红。奏本以其折叠形式改称奏折，其体积比称本时为小，亦不再经过内阁，由奏事处直达皇帝，由皇帝亲自用朱笔批示，不是根据内阁票拟再由批本处批变红字，代替朱批，退还上奏者。到雍正即位，并规定将皇帝朱批奏折缴回宫中。陈报公事之题本，经内阁票拟红字后即称为红本，存在内阁。因之内阁大库有红本库，臣工上皇帝者有表，大都属于贺表之类，亦有上皇后之贺笺，则不名表矣。此外还有东南亚番国给中国王朝的金页表文。再则是随本进呈的清册、试卷、征书、地图等。以上所述均属内阁大库第一类收藏的档案。

内阁编纂史籍和皇帝言行的记载，有钞录本章的贴黄，即本章内容的撮要，编辑成册，以备修史之用，因名史书。清初顺治时名六曹章奏。清代沿袭明代制度，设起居注官一职，记录皇帝的言行，名曰起居

注。每年编辑成书，收藏内阁。此属第二类。

官修书籍及其有关文件。官修书史，为翰林职业。大都由内阁大学士为总裁官。清代所开的修书馆，其大者如实录馆、玉牒馆、国史馆、方略馆、会典馆、明史馆、四库馆、三通馆、三礼馆。因修书征集之参考材料如：修实录有起居注、题本、通本、章奏、史书、圣训、黄册、奏折、启本、表、笺等。修明史有明实录、明代揭帖、六曹章奏。历代进士大卷亦在其中。再则有内阁日行公事之档案。属于第三类：

盛京移来的旧档，主要为满文本牌，满文老档。

明文渊阁残存书籍内阁大库东库，包括清代銮仪卫库，均属明文渊阁藏书之区，因之在明清交替之际，在旧时还存有明代所藏之书。在清末档案库维修时，所有文渊阁藏书，均移交京师图书馆。故宫博物院整理内阁档时，还将残留少数书籍，印有内阁大库残本书影。

题本又名部本、又名通本、又名红本。

称部本者以其经过内阁票拟，即所拟批复之语，经皇帝同意后，用朱笔批写在题本上，遂称为红本。通本又名外本。此俗称也，以其为外省封疆大吏所上之本，经过通政司衙门送内院票拟，皇帝同意，用朱笔批写于上，也称为红本，二者其实一也。清代内阁有红本库，即存储这类本章之处。

按：清《嘉庆会典》载：部门通本均由通政司转送内院（见顺治十三年谕旨）。王先谦《东华录》："顺治十八年正月癸酉，上幸内院，又问明时票本之制如何？诸臣奏曰，明时诸官奏疏，恭进会极门中官转送御览毕，下内阁票拟。复呈御览。合则照拟批红发出，否则御笔改正发出。上曰：今各部奏疏，但承朕谕，回署方送内院。"据此：题本上奏经历过程是：

题本——御览——通政司——内阁——票拟——御览——批红。

此初制也。其后则为通政司直送内阁票拟。经皇帝同意。如票拟有两条，皇帝选其一后，内阁即批红。

题本一般都有附件，随本进呈，名为黄册。因用黄绫为册面而得名。《清会典》：

> 凡部院衙门及直省督抚等奏销册籍，奉旨留览者，俱年终自内付典籍贮库。
>
> 乡会试发榜，例须缮造题名录。
>
> 时宪书，仲春之朔，以来岁时宪书式进于上，得旨，乃制书颁式于各省。孟冬之朔，乃进时宪书。
>
> 殿试册卷，例亦存于内阁。
>
> 图册单签：河工报销，各项营造工程例应绘缮册，随本进呈。
>
> 各处钱粮报销，朝审、秋审。

在题本之外，还有启本副本，与题奏应行。在明代上东宫，在清代初年上摄政王多尔衮，俱用启本。副本是送通政司。雍正朝时，改一并送内阁，照红本用墨笔批录，存于皇史宬。

此外还有表笺。表笺之制，每岁元旦，长至及帝后诞日，进呈帝及太后者曰表，皇后曰笺，其文式由翰林撰拟，大学士奏定，颁中外遵行。登极大典贺表，则由内阁撰拟，奏定颁行。

表、笺均备二份，正表卷而不折，副表如本章式。函以表匣、里以黄绢，表笺进呈，陈于表案。行礼后，均送内阁存贮。

外藩陈情言事，亦题奏本章。庆贺贡物，亦用表笺。属国有金表。

清代记载学时行事而藏诸内阁大库者，还有起居注、六科史书，均为册数之多者。起居注以记帝王言行，类一般人之日记。在王朝则有起居注官记之（参阅拙著《起居注考》一书）史书，专录奉旨章疏。仿佛唐宋日记、日历。

玉牒馆：

每十年一次，以宗令、宗正充总裁官。按每年黄册、红册所记，汇入于牒，以帝为统，以长幼为序。存者朱书，殁者墨书，每修成一次，于皇史宬、本府、盛京各藏一部。由于不藏内阁，档案极多。

国史馆：

顺治朝为国史院，康熙二十九年，《东华录》纂修三国史，设立三朝国史馆。乾隆元年，续修国史；十四年，五朝本纪成，乾隆三十年，重开史馆于东华门内北。自后即长开。

会典馆：

康熙二十三年。

雍正四年。

乾隆十三年。有会典则例。

嘉庆六年。改则例为事例。

光绪十二年。

清代会典共有五部。

清一统志：

康熙二十四年开馆，乾隆五年修成。

乾隆二十九年。

嘉庆十六年。

道光十六年。

清代所修一统志共四次。此外还有文类馆、上谕馆、宫史馆等。

解放前有关档案的刊物：

北京大学国学季刊

王国维观堂集林

北新半月刊（二卷）

东方杂志（二十卷四号）

鲁迅全集《而已集》

文献特刊（故宫）

文献论丛（故宫）

掌故丛编（故宫）

文献丛编（故宫）

中日外交史料（故宫）

外交照会目录（故宫）

中法外交史料（故宫）

清内阁库贮旧档辑刊（故宫）

黄册联合目录（故宫、北大）

整理明清史料报告（北大）

九朝京省报销目录（北大）

明清史料（甲乙丙三编，中央研究院）

罗氏史料丛刊

明清内阁大库史料（东北图书馆）

中国近代史料集刊（社会科学院）

罗振玉在旅顺编印之书：

史料丛编（二集十二册）

明季史料（十四册）

国朝史料（十二册）

大库史料目录（六册十三卷，其中明档五二五件，清档一五〇九件）

大库史料续编（三十卷，乾隆——光绪二六七四八件）

整理清代内阁档案报告（三册，一九二四年，北大）

整理明清史料要件报告（一册，一九二四年，北大）

嘉庆三年太上皇起居注（四卷，一九三〇年，北大）

顺治元年内外官署奏疏（一九三一年，北大）

南京车驾司职掌（一册，一九三四年，北大）

崇祯存实疏钞（十六册，一九三四年，北大）

洪承畴章奏文册汇辑（一册，一九三五年，北大）

（选自《我在故宫七十年》）

清代军机处档案

清代顺治元年（一六四四年），由沈阳进关定都北京后，传至其孙胤禛（雍正）时，由于新疆准噶尔部噶尔丹勾结沙俄，进行叛乱（康熙朝曾进军平叛，未完全结束）。胤禛派宁远大将军岳钟琪等统率大军平叛，在北京方面派其弟怡亲王允祥等办理后勤事宜。与此同时，还有西南省份部分少数民族抗清事件发生。所以胤禛在雍正七年六月下谕曰："两路军机朕筹算久矣，其军需一应事宜，交怡亲王、大学士张廷玉、蒋廷锡密为办理。"当日为了随时商议军情，胤禛特在他居住的养心殿南墙外，设一值房，为允祥等候值的地方。雍正十年称为办理军机处，这是军机处建立之始。雍正十三年胤禛死去，其子弘历继位，即清代乾隆皇帝。在弘历继位之初，成立了一个辅佐政务的班子，名为总理事务王大臣，职权高出军机处之上，临时设立的军机处，即统归总理事务处了。这样一变，军机值班一事，即无形取消。据弘历所下谕旨说："今西北二路，现已无事，苗疆之事亦少……"这是当时取消军机处的原因，但为时不久，弘历又感不便，在乾隆二年，又提出恢复军机处。弘历说："目前西路军务尚未全竣，且朕日理万机，亦间有特旨交出之事，仍须就近承办，皇考当日原派有军机大臣，今仍着鄂尔泰、张廷玉办理。"废除将近两年的军机处组织，又行恢复。弘历死后，其子颙琰继位，是为嘉庆皇帝。至嘉庆年续修大清会典时，才将军机处之名写入会典。军机处从雍正七年开始设立，共经历一百八十二年，已成为清王朝政府正式机构之一，列在内阁之后。直到清代末年溥仪称帝，在宣统三年，企图维持封建王朝政权，将王朝政府改为责任内阁制，军机处在法律上正式裁革。

军机处从雍正年间设立的一个临时机构起，直到清王朝灭亡止，是清王朝一切政治枢纽机关，所有发出政权号令均由此出，号称具有政府地位的内阁，已成为收转例行公事和颁布大诏公开文书的场所。内阁大学士曾具有古代宰相荣誉的头衔，这时亦徒具虚名，成为荣誉职称。而军机处之设，初期在政府机构中并无规定，军机大臣亦无定额，首席军机大臣领以亲王。此外则大学士、六部尚书、侍郎等高级官员兼任。有由级别比上述大员低的，被引进军机处参与大事，一般称为在军机大臣上行走。初入军机或由军机章京升用者，则称为军机大臣上学习行走。军机大臣参与机密，军机章京则在军机大臣领导下，代拟谕旨和军机处上呈皇帝的奏片，以及向其他机关咨文片、行文书之类。军机大臣以下为军机章京，习称小军机，有由内阁中书或六部主事调用者，其出身有举人、有进士。章京分满人、汉人两班。清代乾隆弘历在位年久，用兵事件罗繁，军事结束后，编辑方略或纪略，因之在军机处之下，设立方略馆，由军机大臣任总裁，军机章京参与编纂之事。方略馆又是军机处收藏档案的库房。档案可随时调阅。有时皇帝要住在热河避暑山庄，或北京郊区圆明园时，有些档案要随行带往。因之在三年五载即有磨损，所以军机处有定期修缮档案的规定，所谓修缮即补行钞写装订。现存档册有正副两份，一楷书，一草书。档册种类有百余种。此外则是折包，即是当日京内外大官所上报给皇帝的奏折，由奏事处上达皇帝。每日早朝，军机大臣到养心殿，与皇帝共同商议处理办法，决定后，由皇帝朱批。有的先经皇帝亲自决定加以朱，这些奏折都交给军机大臣，由军机处按照奏折形式钞录全文及朱存档。然后再退还原上奏折的机关或原具奏之人，因而军机处存着二百多年奏折副本，按月包存，名为折包。其中亦间有奏折原件，大致都是关系秘密事件，和一时不能决定处理之事。此外还有留在皇帝手中的留中奏折，未交给军机处，因之军机处无副本，只在军机处目录档随手登记，档中注明某人奏折留中。在奏折附带的附件如贺表、贡表、地图、书籍、单口供单等，如清军掳获的太平天国文件、玺印。还有收到的外国照会，如乾隆年间英国的马戛尔尼来中国的文书，都是在折包中收藏（关于军机处的组织及其经办事宜，《枢垣记略》一书，叙述极为详尽）。

　　辛亥革命后，袁世凯窃取了第一任大总统后，他知道旧军机处档案，关系到军政外交，尤其是在一八四〇年以来和外国侵略者所订立的一系列条约，有的还在有效期间，那些文件，都存在军机处档案中。他为继续腐败清王朝衣钵，因而将军机处档案，搬到总统府内集灵囿。北洋军阀政府政治动荡，军阀混战，对这批重要档案，也无暇顾及，一直是尘封堆集在集灵囿后楼。一九二五年故宫博物院成立，一九二六年一月五日，要求将由故宫搬出的军机处档案，仍交还给故宫进行整理。经当时北洋军阀政府国务院总理许世英同意归还，遂于一九二六年进行搬迁。本人曾参与搬迁之役，在要求归还之前，故宫博物院负责人陈垣

（援庵先生）执笔写了一篇散文体裁的文件，报告给当时的国务院。是由旧国务院秘书厅写了一篇词藻堆砌的骈体文，这两个文件都是有关军机处档案迁徙经历的文献，故钞附于后以供参考。同时将一九一四年袁世凯时，搬走军机档案文件一通，迻录于后。

附录一　国务院呈第一四四号

为呈请事，窃查前清军机处档案改革以后，一律仍存方略馆内，暂派录事二人管理，殊不足以昭郑重。查此项卷宗，甚关重要，深恐日久散失，难备查考。拟请由本院直接自行管理。并将院内现有之楼屋数楹，添配架隔，专备存储此种档案之用。如蒙俯允，即行分别遵批办理，其添配架隔及搬移卷各费用，应随时核由财政部发给造消，以期核实。所有拟请接管前清军机处档案，添配院屋架隔以备存各缘由，是否有当，理合呈请鉴核示遵谨呈大总统。国务院总理孙宝琦。中华民国三年二月二十八日。

附录二　故宫博物院致国务院函

迳启者：本院组织，内分古物、图书二馆，图书馆又分图书、文献二部，所藏悉为有清史料，除实录、起居注等已纂有成书，尚堪检阅外，余如朱谕旨，留中奏折，皆散帙零篇，搜讨不便，加以年代久远，尘封积寸，狼藉异常，非予清厘，恐终废弃。曩者内阁大库旧档，当局曾以贱值售诸纸商，麻袋八千，易钞半数，不俟秦火，已沦劫灰。兹幸本院成立，关于有清一代史料保存编纂，职有专责。现所利用此等史料，编纂《清通鉴长编》及《通鉴纪事本末》，以与清史相辅而行，用垂不朽。唯院中所存史料，尚虞不足。查清旧军机处档案，现存集灵圉。自雍正以来二百年间，军事机密胥具于是。今境迁事过，无所忌讳，是宜公表于世，以资考证。且此项文件，与宫中所藏档案，关系至密，一档分载两处，亦有两种记载，互相发明，合之两美，离之两伤，亟宜汇聚一处加以整理。考历代官私书目、史料传者，大抵编勒成书方能流布，其以散佚传者，未之前闻。即已成书，如《唐二十二朝实录》之见于高氏史略者，除顺宗一朝外，至明多已不传。宋代史料之见于晁、陈二家书目，如《元丰广案》《嘉祐御史台纪》五十卷，《国朝会要总类》五百八十八卷，至明朝亦已不传。元代史料，见于明初《文渊阁书目》如《经世大典》七百八十一册，《太常集礼稿》百册，《大元通制》四十五册，至清初亦已不传。以此类推，清代遗文失今不图，终归散佚。查德、法等国，所有各机关过时档案，均移存文献馆，以为编纂国史之用。本院现为保存有清一代文物典章起见，用特函请贵院，将旧存清军机处档案，移存故宫博物院文献部，以便从事整理。一方面分类陈列，并可勒成专书，又可公开展览，一举两得，岂不较胜于束之高阁，徒供蠹鱼，终归湮没也。又集灵圉图书室所藏书籍，多有关清代掌故。本院成立伊始，宫中旧藏书籍，原已甚少，兹拟照松坡图书馆前例，请将该项书籍，同时拨归本院图书馆，俾供众览，并供编纂参考之用。贵总理阐扬文化，素具热心，故宫博物院之成，亦素蒙赞助，倘清代史史料得借此编制成巨帙，传之久远，岂惟本院之幸，亦国家之盛业也。特此函乞，准予施行实纫公谊，谨此上国务总理。十五年一月五日。

附录三　国务院复函

径复者：前准贵院函开，本院组织内分古物、图书二馆。图书馆内又分图书、文献二部，所藏悉为有清一代史料。现拟编纂《清通鉴长编》及《通鉴纪事本末》，与清史相辅而行。惟本院所藏史料，尚虞不足。查清旧军机处档案，现存集灵囿，因特请移存故宫博物院文献部，以便勒成专书，又可以公开展览。集灵囿图书馆所藏书籍，多有关清代掌故，兹拟照松坡图书馆例，同时拨归本院图书馆，俾供众览，并作编纂参考之用各等因到院。查军机处旧档，夙隶外廷，复与故宫截为两事。至集灵囿图书馆，概藏书籍，虽多善本，匪限一朝。以前者论，当庋诸清史馆，庶纪表志传，有所折衷。以后者论，宜责成教育部分甲乙丙丁，借备省览。凡此名山之铨配，实皆经国之要图，政有洪纤，谊非适莫。贵院宏规无外，独出冠时，有识用钦，非特下走。所拟撰述《通鉴长编》及《纪事本末》，极编摩之盛业，应时事之要求，发皇思古之幽情，辅翼爱新之信史。惟思运缠大过，变实非常，十二世入主上腴三百载，别开生面；沂海通于九万里，结帝局于四千年。固天道之好还，亦人群之进步。翠华已渺，朱果无灵。自长白以开基，胥杀青而可写。开天取能传信，定哀何假微词。才学识既集其长，疑阙误定求其是。况有谈迁之实录，不同杞宋之无征，入东观以骈罗，就西清而索隐。宣尼奋笔，先得宝书，文终入关，径收图籍。皇甫向征藏表，乞特送一车，涑水以书局自随，许假三馆。皆先民之韵事，尤旷古之美谭。贵院遐睨千秋，罕遗一物，旁取外台之简策，籍充中秘之琳琅。并柱下于金縢，合淹中于石室，在图书为得所，奚畛域之可言。博物院者，意本西来，法原东注。公同爱护不随井湮。本刊各守信条，比于金科玉律，陵谷纵有时而变，灵光固终古独存。方今疑血玄黄，惊心苍赤，与其覆瓿，毋宁借瓻。土黑秦灰，鲁壁之金丝仍在，汗青汲冢，荆尸与梼杌俱传，前事可师，饷贻愈久。既果确无放失，讵能别立异同。为政要先正名，此意亦当共喻。所愿凌云巨制，早日刊行。龙门勿补于少孙，虎观转成于班姊。长传百六，权作政府之移存，郑重再三，期别于清宫之固有。除饬在职员司，先行按册点交外，相应切实声明，即希派员接洽。此致故宫博物院。民国十五年二月二十九日，许世英。

集灵囿距离故宫不远。由于国务院复函提出要别于故宫之旧有，当日故决定将军机处档案和观海堂藏书，一并庋藏紫禁城之西太液池东畔大高玄殿古建筑群内，观海堂书籍藏之前殿，档案藏之后殿，进行整理。到一九二六年国务院统计局长吴廷燮上书国务院，要求收回，其言曰：

查国务院所存前清军机处旧档，起前乾隆初年，一曰现月档，每月明发内阁谕旨，由军机处封寄各省督抚将军、都统大臣及经各衙门谕旨，并军机处奏咨各件皆载之。二曰随手登记档，同军机处每日所发谕旨及在外各都抚、将军、都统、大臣、学政、提镇等折件，在京各衙门及王公、九卿、翰、詹、科、道、会衔、单衔折件事由皆载之。留中者载其目，每有列奏而无目者，一曰剿捕档，凡关涉军务谕旨奏折一切文件皆载之。一曰月折，凡京外臣工奏折，均另抄一分存档。嘉庆元年至宣统皆完全无缺。以后续增者一曰奏事档，凡在京各衙门值班奏事折、奉旨及臣工封奏皆载之。一曰电报档，凡电旨电奏皆载之。又有方略地图亦颇详备。此外附存档册尚多，忽于三月间经清室委员会调取许总理任，遽将全部档案备文移送，现闻该会将此项档案暂存于大高殿并未清理，查现在内治外交各项要务，多由前清之旧章或革或因，边务、洋务、财政诸大端尤根本于清制，即如今勘正俄界，欲求中国旧界最初之践实，非博及稽乾隆以来地图、奏案不为功，他务亦多，仿此至旧档、谕旨、折奏，皆与史事息息相关，刻下该会既未清理，诚恐寄存大高殿日久，渐致散失，不但有清一代文献存亡所系殊重，即于今日政治史事，亦恐将来研求无本，搜讨鲜资。可否致函清室善后委员会，将此项全部档案交由清史馆派员保管，抑仍国务院派员收回之处，以重国闻而保籍。是否有当，伏乞钧酌，廷燮谨呈。

吴廷燮氏，字向之，是一位有学问的人，曾参与编纂《清史稿》之事。辛亥革命前亦为军机处，在他的原上书中，就其所知档案内容及其重要性，是给予研究清代军机处档案史者有所取资。个人初步接触军机档案时，受旧军机处章京老辈之启迪，一为许宝蘅，二为吴廷燮。许氏后在故宫文献部主持整理事例，编《掌故丛编》，予均承其教诲。吴廷燮亦曾走过吴氏之家，吴氏此书直达当日国务总理。至于吴氏所谈存在大高殿不整理，则非事实。一运大高殿后，予即与北京大学史学系助教刘儒林先生及故宫工作者张德泽先生积极整理编目，并非搁置未整理。有此上书，国务院立发出一百二十九号公函曰：

> 径启者：本月十六日国务会议议决，前清军机处档案现存大高殿应即移归国务院保管，以重典守等因，除由院派高参议家骥、柯秘书昌泗会同第三科主任潘瑞安妥慎办理外，相应函达贵会查照，此致故宫博物院保管委员会。民国十六年八月十七日。

当日虽然成立了博物院，而当日政府不以国家博物馆观之，不过视为一个学术团体耳，既无编制，亦无经费，因之不以国务院命令下达，而以公函行之。当时一个北京故宫博物院对当日政府国务院形成为平行机关，可谓趣事，亦可谓怪事。博物院遂亦以公函复之曰：

> 径启者：函开本月十六日国务会议议决，前清军机处档案现存大高殿，应即移归国务院保管，以重典守等因；除由院派高参议家骥、柯秘书昌泗会同第三科主任潘瑞安妥慎办理外，函达查照等因；查本院前以清内阁大库档案与宫中所存之档案有互相发明引证之价值，均与文献有重要之关系，故于去年一月函请贵院将前项军机处档案移交本院整理。自接收后，即经派员着手清理所有档案，

名目业已详细厘定，拟择其主要而未发表者，分类编辑外交、军事暨折包等重要档案，分别先后以次刊行。此项计划可以裨益于近世史者，实非浅鲜，是以本院正在积极进行。现当工作未竣之际，如遽移归保管，则前功尽弃，殊为可惜。本院之意，前项档案俟工作完毕后，自当移归贵院保管，惟在此际，则仍拟暂行保留。倘贵院如须调阅时，尽可随时派员来院查阅，本院自当优于招待，以此与本院既有裨益，而与贵院亦并无不便也。除将此意与高参议、柯秘书、潘主任面洽外，相应函复，即希查照为荷。此致国务院，民国十六年□月三日。

当时维持院事者为江瀚、庄蕴宽、江庸、袁同礼、吴瀛等，而院中理事会常务理事陈垣教授实主其事。复函系经陈垣教授修订者。此函发后，国务院坚持原意，故宫维持会负责人江瀚出面交涉，这时政府的教育总长为刘哲。刘为江瀚之门生，原北京大学已聘定江瀚为其长，为了档案事，江瀚愤然退回聘书不任其事，后来国务院又派大员到大高殿视察，又经各方面斡旋，其间同时政局又濒临即将变局，其事遂寝。

故宫博物院在许世英总理任内，在一九二六年一月，函请交故宫事为北京大学所知，亦曾提出将军机处档案拨给北京大学整理。其函如下：

径启者：查民国十年，教育部曾将历史博物馆所藏清内阁大库明清旧档拨给本校研究所整理，俾供海内外学者之参考，当由该所组织一明清史料整理会专任清厘之责，时历四载，未尝间断。所有明清各档均经分类陈列，随时展览，并编有详月刊布。其中史料多有资取材者，惟并于雍正以后，军事机密咸付阙如，早拟呈请国务院将原存集灵囿之军机处旧档一并拨所整理，因时值临时政府国务院负责无人，致未果行。兹幸此旧档移存贵院文献部，倘能从速加以清理，公表于世，俾与该所已经整理之清内阁大库明清各档，彼此可借参证，详略亦可互见，则有裨学者可断言也。为此函请贵院准将此项旧档交由本校研究所明清史料整理会专人整理，俾得从事类编早底于成，不胜盼祷之至。此致故宫博物院。国立北京大学启。民国十五年二月□日。

此函到达北大，在陈垣教授指示下，拟一复函曰：

径启者：接准函称请将军机处旧档交由贵校研究所明清史料整理会整理等因，查此项档案，现存宫外大高殿，以便整理公开展览。贵校研究所欲协同整理，本院无任欢迎，惟大高殿对保管与整理均甚适宜，无适移之必要，用特函复贵校，即希由研究所派员随时到大高殿会同整理一切为荷。此致北京大学。故宫博物院启。民国十五年二月八日。

北京大学研究所在一九二二年，曾由旧历史博物馆拨给一批旧内阁档案进行整理。主其事者为研究所主任沈兼士教授。故宫博物院成立，沈教授初亦为清室善后委员会委员，成立博物院亦主文献之事。陈垣教授亦是北京大学研究所国学门整理历史档案委员会主席，军机处档案由博物院保管整理，而北京大学忽有要求移交北大之函，估计此事实质上，是为了军机处档案不能归还国务院之策略。

军机处档案在大高殿安静地庋藏了八年，由于日本发动侵华事，遂将全部档案迁于紫禁城内文献馆，与宫中旧存各档并存到一九三三年，随同古物南迁，辗转西南各省。抗战胜利运回南京，其后大部分运回北京。因大高殿为军队使用，仍庋藏于紫禁城内南三所文献馆。一九四八年旧国民政府迁往台湾时，留南京的古物和历史档案亦随之在台湾省所称的故宫博物院了。在北京故宫文献馆所藏清代内阁内务府批本处、奏事处（即宫中）、军机处等大批档案成立为第一历史档案馆，隶属国家档案局领导，已非故宫博物院早期文献馆所属之结构了。

军机处档案移存大高玄殿后，文献馆由单士元、刘儒林、张德泽、程文翰等人进行整理，首先编制档册目录，计档册一百五十五种，并将折包档按朝代年月顺序，仿图书馆公开阅览之例，使学者可以到馆参观。当日利用军机处档案，写出学术著作，有社会调查所陶孟和、汤象龙、刘什如等教授，近代经济史蒋廷黻教授写《国际关系史辑要》，吴燕绍教授写《蒙藏史料汇编》。亦有其他学术团体来馆查阅史料者，欲求其所需时，每苦调何种档为宜，常以此事见询吾辈。整理之初亦无备谘询之议，余即发愤将所印行之只具档而无录者，在档名之下附以解题，试为数档，私称为档案词解。呈诸陈垣教授，师曰："何不称为档案释名。"一九三六年夏，在山东青岛首次成立图书馆博物馆协会，余在该会上宣读一篇论文，曰"档案释名发凡"，以求同好，发表在民国二十五年双十节《故宫文献论丛》。

（选自《我在故宫七十年》）

清代军机处档案编年目录说明

　　清军机处档案乃军机处所钞录清代内外章奏及上谕等之存稿也。先是内外奏章，均由内奏事处送呈皇帝阅览。览毕，交军机处钞录副本，将原件发还。所抄之件，存方略馆。民国成立仍存原处。迨民国三年，国务院呈请大总统将此项档案移置国务院集灵囿。（参阅附录国务院呈文）民国十五年复由国务院将此项档案及杨守敬观海堂图书，拨归故宫博物院整理。自是年一月二十六日起至三十日止，由故宫博物院点收清楚，移置于景山西街大高殿。内计图书五十五架，档案大小七十五架，图书贮于前殿，档案则贮于后殿。移置之后，由故宫博物院文献部整理。此项两次搬运，极为凌乱，乃按其朝代年月，逐件整理。经十数月之工，始得就绪。计自雍正初年至宣统末年。所有档册折包，共庋四十九架。凡档册七千九百六十九本，折包三千五百三十五包，约八十万件。兹将各档件数，按年编成简目，至各档内容，现正摘由登录，一俟编成后，当再公布。

寄信档

为军机处存记上谕的一种档案，又名"廷寄档"。清代制度，凡属公开发表的上谕，都是由内阁发出，由各机关传钞，当时称谓这类文件为明发上谕。有的上谕关系机密，又是专给某省，或某几个省，不便公开，或在当时不便公开的，则由军机处交兵部（皇朝中央六部之一）捷报处的驿站，直接寄去，所以名为寄信。因为它寄自内廷军机处，所以接到寄信的人，就称它为廷寄。《枢垣记略》卷记谕旨类别如下：凡特降者曰内阁奉上谕；因所奏请而降者曰奉旨；其或因所奏请而即以宣示中外者，亦曰内阁奉上谕。各载其所奉之年、月、日于前述旨发下后，即交内阁传钞，谓之明发，其谕由军机大臣行，不由内阁传钞者谓之寄信，外间谓之廷寄。

寄信都是要求很快的达到收件人的手里，因而定有快速规制，一般要求日行三百里，称为"马上飞递"，遇有紧要的事，日行要求四百、五百、六百里，更紧急的军事情报，还有日行八百里的（在太平天国革命时有此例）。急缓的要求，均由军机处在发出时，在公文封套上注明，如有延误日程，则按规定的相关条例，予以议处。

寄出的上谕，在书写上有一定的格式，如开头照例写大学士某，或军机大臣某写，寄某督抚，某月日奉上谕云云。末尾则写钦此钦遵寄信前来。《枢垣记略》记其函式："其封函之式：字寄者，右书办理军机处封寄，左书某处某官开拆。传谕者居中，大书办理军机处封，左边下半书传谕某处某官开拆，皆于封口及年月日处钤用办理军机处印。"

廷寄档

廷寄档和寄信档是同一种档案而有两名。军机处发出谕旨，给一省或数省者，在军机处称为寄信。接到这类文件者，则称为廷寄，意谓寄自内廷。寄信时，钤盖军机处章，军机大臣署名。

廷寄档内容一例：

（钤章）

军机大臣，粤寄安徽巡抚朱、山东巡抚袁。宣统元年五月初四日，奉上谕。有人奏，安徽宿州盐斤涨价，盐局各委商同知州，改折铜元。紊乱部章，勒令加价，称据实纠参一折，著朱家宝、袁树勋，按照所参各节，确实查惩办，据实复奏。毋稍徇隐，并将该省盐务妥酌章程办理，以恤商民，原折著给阅看钦此遵旨寄信前来。

（军机大臣署名）

军机处文移档（乾隆四十三年至道光十八年存一册）

文移是封建社会文书的一个名称。平行机关，或高一级给低一级机关，都可使用。这本档案是办理军机处给其他机关的文书，内容多为关系为钞录档案副本的工作人员叙奖或领用纸张，通知有关部门办理的事，是属行政事务档案的一种。

军机处文移档内容一例：

军机处为咨送履历事，本处于十一月十四日奏请议叙，业经行

文咨部在案。今将承办档案之译汉官各员，及供事人等造具履历清
册，咨送贵部查照办理可也。

计送履历册贰本。

右咨吏部。

明发档（咸丰三、四年）

明发为内阁发出的上谕，事属公开，非为专给一省或数省的"寄信"形式的上谕，但此档所记不尽属规定的由内阁明发之上谕，其中还有奏折、朱批，实际内容如随手登记档。咸丰三、四年间，正是太平天国和捻军反清运动旺盛时期，所载事由均为这时的消息。

明发档内容一例：

八月三十日

一向荣等上海川沙等处失守折。朱批：数日间，四县接连失守，业经自缢之地方官，有无逃避者，著迅速查明，向荣虽日久无功，而金陵贼匪尚不至肆意窜往下游，此时断断不可离营。

打对上谕档（道光二十三年存一册、二十五年至三十年存六册）

这是军机处处理日常事务档案的一种。在当日凡有上谕，应交有关部院衙门阅看者，军机处随时与各部院进行稽核查对，名为打对。

打对上谕档内容一例：

道光二十二年十月十一日，内阁抄出为靖逆将军奕山等交部治

罪钦奉上谕一道。

又是十月十九日内阁抄出，为奕山等定为斩监候，秋后处决，钦奉上谕一道。当日领回。打对官宗人府笔帖式，宗室伊克章阿。

留京办理番犯档（乾隆四十一年一册）

在清乾隆镇压四川大、小金川少数民族，在军事结束后，将俘虏的少数民族的头人，一部分连同家属解京处理，称为留京番犯。六次解送共二百四十二名，档中有"番犯"数目口供名单。

留京番犯档内容一例：

臣舒赫德，臣英廉谨

奏查军营解送番犯，陆续到京，臣等六次接收共二百四十二名，除节次解赴行在共八名并在监病故二名外，现在分别收禁兵部十二名、刑部六十六名、提督衙门九十八名、慎刑司五十六名，共二百三十二名，均各派员严行看管，谨将名数开列清单进呈。再查番犯家属跟役，间有多余缺少之处，臣等俟将阿桂到后，询问呈办之员，确查办理合并声明。谨奏。

乾隆四十一年四月初十日奉旨，知道了。钦此。

新疆档（光绪元年）

记录派驻新疆大臣人名经历。

新疆档内容一例：

塔尔巴哈参赞大臣

　　　　副都统衔英廉（正蓝旗蒙古人年四十四岁）
　　　　同治十二年三月放。

廷寄摘钞档（嘉庆七年至九年）

　　此档名为廷寄，实无廷寄字样。开首称内阁奉上谕，是由内阁明发
上谕，其内容多为记录镇压湖北陕西四川少数民族时事。

　　廷寄摘抄档内容一例：

　　　　嘉庆八年三月二十七日内阁奉上谕。惠龄奏，官兵连日搜零匪
情形一折，千总张文魁率领官兵奋力仰攻，贼匪滚崖逃散，实属可
嘉。著加恩以应升之缺，即行升用。钦此。

剿捕档（嘉庆元年至七年、十八年、二十五年）

　　清代二百多年中，农民起义反抗压迫的事，从无间断，此起彼伏。
使清代统治者疲于奔命，到了嘉庆朝压迫愈重，因而反抗愈烈，反压迫
的农民运动，在全国各地更为广泛兴起。而清王朝对之血腥镇压也更为
惨酷。此档所记有功官员。

　　剿捕档内容一例：

　　　　嘉庆元年三月十五日内阁奉上谕。此次恒瑞带领满汉各兵，到
竹山后，即将县治贼匪剿除廓清，实为奋勉可嘉，恒瑞著吏部先行
议叙，所有杀贼出力官员，均著查明，查阅咨部议叙。钦此。

交事档（嘉庆六年存一册，八年存一册，十七年存一册）

这档在军机处档中数量亦少，仅存三册。内容是将交付内阁的谕旨和奏折，摘叙事由登记，多属满文，殆为军机处满章京所办，下举一例，系嘉庆六年册中，现改译汉文（原为满文不写）。

交事档内容一例：

正月十二日，旨一道：伦博春所出厢黄旗蒙古副都统之缺，著清舒补授交内阁中书□□领讫。

值班档

是军机处章京值班人名簿，无事件内容。

值班档内容一例：

十月初一日：

张云鹏

璩友槐

米继曾

汪晟

何德明

钱汇川

来文档（嘉庆二十五年存一册）

记录各省各机关致军机处来文，只记来文机关，不记事由。

来文档内容一例：

> 三月初三日，
> 热河来文一件。

月折档（道光十年正月存一册）

即随手登记档的一种，但只专记折件数字，不摘录事由。

月折档内容一例：

> 十年正月初八日；
> 康绍镛折三，片三，单一。
> 初九日，
> 陶澍折一，片一。

万寿事宜档（道光十一年一册）

此档为道光五旬生日，记载当日所谓"施恩"之事。

万寿事宜档内容一例：

> 道光十一年三月初一日，内阁奉上谕：朕本年五旬万寿之辰，
> 业经叠沛恩伦覃敷，阖泽所有庄襄亲王绵课之子，庄郡王奕□著加

恩赏还亲王。英和著加恩即行释回。伊子奎照、奎耀，俱着随同回京。钦此。

朱笔档

记载朱笔或批奏折，在每条下并记清事由。此档为咸丰年间立。

朱笔档内容一例：

七月二十五日：

御笔一条（窦奉家）。

七月十八日，

朱改礼部折片共二件（服色嫁娶）。

发报档（原提并发报由，清光绪十三年 至三十年，存十六册）

这是军机处处理日常事务档案一种。军机处向各省发出的文件，名为发报，因为军机处原是处理紧急军事机构，所以其紧急，均注明马上飞递。还有三百里加紧，五百里加紧，均由兵部驰驿递送。此档系记载，每日发报数目和经手人。

发报档内容事例之一：

正月初四日，

报匣各一个，均马上飞递。交兵部，岱山。

廓尔喀档（乾隆五十六年至五十八年存十七册）

在历史上，曾称为中国藩属的廓尔喀在乾隆五十六年时，廓尔喀人与我国西藏人民由于商务往来使用钱币流通问题发生争执，廓尔喀派兵入藏。当日清廷派四川总督鄂辉，成都将军成德，及孙士毅等领兵出征。此档将这次事件有关上谕、奏折、朱批等，成立专案档。军事结束后，乾隆六十年编辑廓尔喀记略五十四卷。

廓尔喀档内容一例：

> 成德奏，在定结逗留之廓尔喀贼匪，业已奔逃。
>
> 及接奉节次谕旨。酌量办理情形各折，已于折内批示矣。

花翎勇号等项档（道光三十年至咸丰十一年存一册）

花翎是清代官员帽子上的装饰，其物为孔雀尾部之羽毛，最高级有双眼花翎，还有三眼花翎。这类高级的，都是特赐王爵、公爵的。清道光以后，可以用钱捐纳花翎，但是属一般的花翎，所谓高级尊贵的不能捐纳。此档为道光三十年至咸丰一一年，正是清朝疯狂镇压太平天国农民革命运动，对于为王朝出力的武职官员，赏赐"花翎"的记录。在册中所记载者，都是卑职的小武官，如守备、千总、把总、外委等，这些小武官，又都是属汉人绿营兵。当日清廷用这种虚荣拉拢汉人，为他继续卖命的手段，至于档名花翎勇号的历史，案勇字是给以有战功的人一种荣衔，在清王朝时有清字勇、汉字勇之别。满洲八旗军和汉族军官有战功时，遂赋以勇字荣衔。并在勇字上加几个字，各有规格。勇字清语曰巴图鲁，是由蒙语而来，至于后来有练勇之词，或称一般士兵为勇，则是将勇字作为普遍使用了。花翎低级的，不是孔雀而是喜鹊鸟矣。

花翎勇号等项档内容一例：

　　王重望（道光三十年六月二十日裕东保、王重望赏花翎）

　　王忠录（同前案守备王忠录赏花翎）

平定教匪纪略总档（嘉庆十九年至二十一年存一册）

自从嘉庆十八年，河南、河北农民以天理教为掩护，举行反抗清王朝事件，打进北京皇宫震惊了颙琰，震惊了一群统治阶级上层人。因而对于全国各地秘密宗教活动加强进行镇压。对这些具有反封建王朝的农民组织称为教匪，并编有《平定教匪纪略》。此档就是镇压以天理教为掩护的农民起义事件，档的内容，是关于上项事件的上谕，奏折，按日摘由登记。检其内容，大约是在编修方略时，方略馆调阅有关奏折上谕的总登记簿。纪略名《平定教匪纪略》，共四十二卷，嘉庆二十一年于津等编修。

《平定教匪纪略》总档内容一例：

　　刑部折：

　　一龚恕等各逆犯罪名。林清供一。

东案档

东案档是关于山东农民起义领袖王伦反抗清朝统治事。

东案档内容一例：

　　大学士宋寄：

钦差大学士舒、山东巡抚杨，乾隆三十九年十月初十日奉上谕，今日军机大臣严讯各犯，又据王经隆等供出，有陈合璧是王伦徒弟，在恩县招有四五十人入教……并著舒赫德等严饬查拿，将此件谕知之。钦此。

遵旨寄信前来。

谒陵谕旨（嘉庆五年至二十四年存一册）

清代皇帝，有时到他的祖宗坟墓去祭祀，称为谒陵。历史上对于帝王的坟，尊称为陵寝或山陵。因为这些统治者们，在选择坟地时，总是要选得所谓万年吉地，地形最好是背山面水，称山陵之名，意即在此。此档是嘉庆朝的，嘉庆五年，嘉庆的父亲乾隆葬北京遵化县的地方，是清代的东陵。有清一代，在东陵埋葬的，计有顺治和顺治的母亲孝庄后、康熙、乾隆、咸丰、同治等。清末著名的"慈禧太后"，也是埋在她丈夫咸丰定陵之旁，称为定东陵。这本档子是记载嘉庆在位的期间，有关到他祖宗坟墓，和顺便看一下明陵，下面举例就是此档的第一页的内容。

谒陵谕旨内容一例：

九年正月十六日内阁奉上谕：朕于二月二十八日启銮，恭谒东陵。礼成后，由盘山至明陵阅视，回毕驻圆明园，所有一切应行事宜，著各该衙门敬谨预备。钦此。

五台围档（嘉庆十六年存一册）

五台是山西省一个山区，也是一个风景区，名为清凉山，清代历朝皇帝，都喜欢去游玩，有时称去清凉山礼佛，有时称去清凉山行围（即古代秋弥冬狩，其意为打猎），所以名为五台围档。这个档是记录嘉庆十六年，颙琰到北京郊区易县祭完他的祖宗坟墓后，便顺道到五台游玩的事。当日带往随从警卫人员极多，骚扰地方极为严重。颙琰为了照顾他的奴从们，给随从大臣兵丁赏赐，名为加恩补偿他们的消费。在这个档子里，记录这类事件最多。至于当地老百姓所受的骚扰剥削，这个独夫就不关心了。

五台围档内容一例：

嘉庆十六年二月二十五日奉上谕：朕此次恭谒西陵，巡幸五台。所有随往之大臣官员兵丁等，不无需费，施恩将随往之大臣官员等，如有俸银内应行坐扣者，著展限一季，俟下季再行坐扣。其护军拜唐阿兵丁等，各赏一月钱粮。钦此。

交发档（乾隆二十五年至六十年、嘉庆元年至二十五年、道光元年至三十年、咸丰元年至十一年、同治元年至十三年、光绪元年至三十四年、宣统元年至三年）

军机处凡奉到谕旨，或中外朱批奏折，应交各部、院办理的事，皆录副发钞给有关部、院办理。没有朱批的折子，即以原折发钞，在交发时，领件人在交发簿上画押签字。《枢垣记略》卷十三：凡中外奏折，奉朱批该部议奏、该部知道者，皆录副发抄，其朱批览，或朱批知道了，或朱批准驳其事，及训饬嘉勉之词，皆视其事，系部院应办者，即发钞。不涉部院者不发钞。凡未奉朱批之折，即以原折发钞。

交发档内容一例：

恩旨四道：

一举行万寿恩科。

一甘省额免二十六年分钱粮，交中书福森布。

一皋兰等州县展帐。

一军需钱粮报销。

叶存仁折一件，交杨尚铉。

高恒折一件，交杨尚铉。

石峰堡廷寄档（乾隆四十九年）

此为弘历（乾隆）派遣阿桂、福康安，率清兵镇压甘肃石峰堡回民起义，反抗清廷事件。档中有上军机处奏片，和被俘虏的起义回民口供单等。不尽属军机处廷寄上谕。

石峰堡廷寄档内容一例：

军机处奏片：

查石峰堡迤东贼营四座，经官军于十六日占得。十八日福康安拜折具奏，至阿桂于十四日到西安，据毕沅奏二十二、三两日可抵军营，与福康安会面谨奏。

六月二十九日。

留京办事档

有乾隆年间和嘉庆年间的。在封建皇帝离开北京外出巡视或游玩时，留京的军机大臣，将交办过的事登记，并随时向在外省的皇帝奏报。弘历六次到江南游山玩水，骚扰地方；颙琰也二次东巡参拜他祖宗的坟墓，称为"谒陵"，都见记载。

留京办事档内容二例：

交顺天府，将籍隶大宛二县，及附近京城各州县之在籍文武大臣官员，计至乾隆五十年，其年岁在六十以上者，即查明履历年岁，开具清册，送留京汉军机处。此内如有已成残废之人，即册内注明毋误。（按此例为弘历在乾隆五十年间，曾两次开千叟宴，一次在乾清宫，一次在宁寿宫，以夸耀其高年帝王，粉饰升平盛世。实际弘历开千叟宴之时，全国人民正日益受难之日，各地农民反抗事件，已遍及各省了）

七月二十三日，奏报护军统领爱星阿带兵赴湘剿贼，已于二十六日起程。

密记档

密记档内容记事，均为大臣官员自行议罪认交银两事件。按《清代吏部则例·降罚》条，有罚俸例。罚俸时间，由三个月以至二年，决定权在吏部，罚款由户部承追。《户部则例》有承追罚款条，此册所记自议罚款之事有别，自议之款不由户部承追，不入国库，而是由军机处查催，交皇宫管家机关内务府，作为宫廷中收入的一项。查皇朝宫廷中开支，除由国家支付大量经费外，在内务府里，还有庄园，经营商业，发放高利贷的典当铺，出租房屋等更大的收入，掌管一些税收关口、织造、盐务等。这都是公开直接剥削人民财富，间接的则是密记档里所记的认罪罚款和孝敬银两。这是京内外大官们从老百姓身上压榨来了钱，不敢全部归己，要分润些给皇帝，这样才能保住官职，所以要贡献部分银两，名字叫"孝敬"。有时皇帝抓这些大官一个错处，叫他们自己议罪认罚，有时还讲价还价，或分期付款，这就是封建王朝时代，人民被层层剥削的内幕之一。皇帝是个最大的地主，对他的奴才们"孝敬"和议罪银两，在还不满足时，知道某大官家财雄富，借个题目给以抄家的结局。清代大官们被抄家的案是不少的，抄来的财宝自然都纳入内廷了。如嘉庆元年抄了权臣和珅的家，民间就有"和珅倒，嘉庆饱"口语流传。《红楼梦》所叙述荣、宁两府抄家的事，也是描写这样的事例。

密记档内容一例：

奴才和珅、福康安，遵旨查办各员应交自行议罪银两各折。自乾隆五十九年十月查明汇奏后，陆续存记之案，统计十九件，已交尚未全完者十一件，未经解到者六件，交往浙江海塘工程并河工备用者二件，分晰缮写清单恭呈御览外，所有未交到者，现已行文该任所严催为谨奏。乾隆六十年闰二月十一日奉旨：知道了，钦此。

引见档（同治元年至十二年凡二十二册）

封建王朝，凡任官后，在被任命之人行将到任之前，皇帝与之见面一次，由主管职官部门带领见面，谓之引见。此制在汉代即有，清代制度外官四品以下，京官五品以下，皆可引见。在京之官到任后再行引见也可以，外官也有特召引见者。

引见档内容一例：

同治元年六月二十日翰林院带领引见：

一甲进士徐郙（御印）年二十六岁。一甲一名（复试一等二十名。朝考一等一名）直隶进士鹿传霖（御印）年二十六岁。二甲三十六名（工部候补主事复试三等四十六名，朝考一等三十名）浙

江进士许庚身御印，年三十六岁。二甲二名。（复试二等十五名，朝考二等八名）

川、陕、楚善后事宜档（嘉庆七年至九年存七册）

在清王朝乾隆、嘉庆年间，农民起义运动在全国各地兴起。在有清一代中，对于镇压农民起义事，军事活动从无间断。这本档，系记录在镇压四川、陕西、湖北等地农民起义事件之后，处理军务法属事。

川、陕、楚善后事宜档内容一例：

军机大臣字寄：

陕西巡抚祖，嘉庆七年十二月二十七日奉上谕：祖之望奏驰抵陕西接办巡抚印务一折，陕省现当大功告蕆之后，总督惠龄尚带兵搜剿南山余匪，一切善后军需报销事宜，系祖之望专责。该抚病体已调养痊愈，务须实力办事，并督饬局员等，将军需各款据实报销，毋得稍有冒滥。将此递报后谕令知之，钦此。

遵旨写信前来。

留馆档（乾隆四十七年十二月吉立）

此档为方略馆编纂人员到馆年月。

留馆档内容一例：

克精额（以上一员，四十五年十一月初四日到馆），满纂修官。台布，现任理藩院委署主事。

报销进书档（乾隆四十九年）

自从编辑平定两金川方略以来，在军机处设立附属机构方略馆。其后编辑书籍时，随时将编就卷页进呈。此档即记录随时呈阅新编之书卷数篇数。

报销进书档内容一例：

平定两金川方略馆为移付事，查本馆纂辑各种书籍，间日进呈，前已移会一周，进完之日，开明卷数移送在案。今于正月二十九日至二月初二日止，已经进完一周应照进呈日期开明移付贵处，查核可也。

计开：

正月二十九日，进《盛京通志》卷九十六，正本计二十一篇，于是日发下。二月初一日，进《一统志·金华府》二卷，正本二本，二十八、三十三篇于是日发下。右移付稽查钦奉上谕事件处。

乾隆四十九年二月。

提调：杜、敷、刘、汪。

收发：索、舒、吴、程。

平定准噶尔文移档（乾隆二十三年至三十八年）

准噶尔为我国少数民族额鲁特蒙古部之一。额鲁特有四部，都在新疆、青海一带，计有准噶尔、杜文伯特和硕特土尔，扈特四部。准噶尔在新疆天山之北，清代康熙年间准噶尔上层贵族噶尔丹，在沙皇唆使之下举兵叛乱，康熙曾亲平定。到乾隆二十年准噶尔上层贵族军事集团再叛，弘历（乾隆）出兵平定。这两次军事对我国的统一和民族的团结，起了重要作用。乾隆朝将平叛经过进行编辑，名为《平定准噶尔方略》。这类档案是在编辑方略时与有关机关的文书档案。

《平定准噶尔方略》首编五十四卷，正编八十五卷，续编三十三卷，乾隆三十七年由大学士傅恒等编修。

平定准噶尔文移档内容之一：

平定准噶尔方略馆为咨领事，照得本馆提调纂修收掌各官，每月应需茶水等银，蒙总裁大人谕，于恩赏军机处官员养廉费银两，支领备用在案。今查上年八月内交银三拾两，业已用完，相应移咨内务府照例给发茶水等银三拾两备用可也。须至咨者。

右咨　内务府。

乾隆二十三年三月二日。

剿捕随手登记档（道光二十一年存一册，二十九年存一册）

军机处档案，最重要的一种目录性的档册为随手登记档。它是所有档案之纲，利用它可以将军机处全部档案一览无遗，《枢垣记略》载，每日奏折，必于寅卯二时发下，军机处章京分送各军机大臣互相翻阅，谓之接折。章京将本日所接奏折、所递片单、所奉谕旨详悉分载，朱批全载，谕旨及折片则摘叙事由。有应发内阁者，皆注明交字；应交兵部者，皆注明马递及里数，订成巨册。以春夏二季为一本，秋冬二季为一本，谓之随手档。此册名剿捕随手登记档，系专记第一次中英鸦片战争时事。

夷情档（乾隆元年至五年存一册、十一年 至十七年存一册、十九年存一册）

此档所记大部分是关于平定准噶尔事，其中有上谕、议覆奏折、军机处奏片等文件。内容包括军事、政治、人情、风俗等。对于研究我国少数民族史有所取资，可与清代所编《平定准噶尔方略》参照利用。此外还有其他少数民族的事件。档名夷情，是清代统治者对于其他少数民族的卑称。档名有写为边备夷情档者，则是泛指偏远地区的国内少数民族聚居地带之意。

夷情档内容一例：

　　总理事务和硕庄亲王臣允禄谨奏：为遵旨议奏事，提督樊廷奏报，自准噶尔脱出之米尔阿儿、七克泰二人供词一折，奉朱批总理事务王大臣速行密议具奏。钦此。

　　臣等详阅樊廷折内……

发报档

清代故事，外省官员，上给皇帝奏折，事关重要者，欲速达京；或批回奏折，速达上奏人手里，俱用马上飞递，即按军事紧急情报处理。奏折外函有两种形式，一夹板：即用两片木板将奏折夹在当中，外用丝绳捆固，在结扣粘贴封记。二报匣：外省封疆大吏，是属皇帝亲信，或正在办理专案事件，奏折内容更属重要，则由皇帝赏用报匣，匣的形式扁约厚一寸，长度比奏折略长，奏折规定长但非固定，如康熙时王鸿绪密缮小折，苏州织造、江宁织造李煦、曹寅密缮小折，有长不及二寸者，此为特殊密报事件，在赏报匣时，用特制小铜锁钥匙，宫中留一把，被赏报匣的人一把，报匣锁后，再粘贴锁封，当时称为印花（军机处有印花档）。

发报档内容一例：

正月初三日，报匣。俱马上飞递。夹板交兵部英珉（签字）领发讫

寻常档

寻常档的内容是一种杂记性质的档册，在乾隆年间军事旁午、编书、修书，各有专条档，此档记事种类繁多，可能在当日军机处原为了工作上的便利，临时别立此档，以别于专案，其中有上谕、寄信和军机处奏片。

寻常档内容一例：

乾隆四十九年十月初二日，内阁奉上谕，孙士毅等奏，据洋商潘文严等禀称，于哆啰玛当家住宿，行中失于防范，任由蔡伯多禄来往勾通，致有揽送洋人越境之事，非寻常疏忽可比，情愿罚银十二万两，备充公用等语。著照所请，准其认罚，所有银两，即著孙士毅于广藩库内垫项支解河南，慢慢充用，分限四年，会该商等缴还舒享、孙士毅俱着交部严加议处，所有沿途失察之司、道、府等官，并着查明，一并参奏，该部知道，折并发。

万寿庆典档（嘉庆二十二年）

这本档册是清代嘉庆皇帝过六十岁生日的事件。颙琰的六十岁生日，本应是嘉庆二十四年，因为是皇帝正寿，所以在嘉庆二十二年就开始筹备，全国各省和京中各机关，也就在日常剥削老百姓之外，再向农民敲骨求髓。为这个封建皇帝办生日，送寿礼，海外奇珍，国内异宝，争献于朝；建庙宇，塑佛像，也遍全国，京师尤甚，而铸造无量寿佛千万尊，进呈。在皇宫里则是王朝中亲信大臣必办的事。这本档的第一页，是颙琰自己为了办寿日，要他的奴才们将从老百姓刮来的财富，不必多制造寿佛了。因为宫中收藏这类寿礼，已达到"充盈栋宇"之势，叫奴才们将造佛的钱，改为修理庙宇。在这段时间，京城确实兴建若干座万寿寺，原有佛庙，也都重修庙宇，再塑金身，而无量寿佛献入皇宫者，也不见减少。紫禁城里、圆明园、万寿山、避暑山庄，还有静明、静宜二园，在辛亥革命后，无量寿佛，仍是充盈栋宇，有的是集中放在万佛楼专用殿阁。散放在冷宫里、佛堂里，也是随处可见。通过万寿庆典档，我们能够知道封建统治者剥削人民又一个侧面。

万寿庆典档内容之一：

嘉庆二十二年三月二十二日，内阁奉上谕：朕五旬庆辰，王公大臣等请造寿佛万尊，以将祝嘏之忱，越岁己卯，朕周甲旬庆，王公大臣等，谅必式遵成典，仍有此请。惟是大内供奉之所，充盈栋宇，每旬增衍将数比恒沙，佛法百千万亿，实同一相。在诸臣爱戴君上，诚心祈福，朕必令其得伸忱悃。届时著王公大臣等，各按应造寿佛之数，即以其赀，将京城内朕常临幸拈香庙宇装饰见新，即与成造寿佛同一抒诚将敬也。钦此。

俄罗斯档（咸丰十年）

这是第二次鸦片战争时事，当日英法侵略军，迫使中国清王朝签订《天津条约》，随后又有一个《北京续约》，沙俄在这个文件中，表面充当调人角色，实际上是借机占走中国广大领土，大约有四十四万平方公里。革命导师马克思一八五九年所写的《新的对华战争》一文中，一开头就写道："当英国由于从天朝居民那里，骗出了天津条约，而到处受人祝贺的时候，我曾设法指明，实际上从这次海盗式的英中战争中，所得实利的，唯一强国是俄国……"

俄罗斯档内容一例：

俄罗斯国钦差大臣伊，咨行大清国军机处：为咨复事，于咸丰十年二月初八日由礼部送到贵处来文一件，内称有多人在乌苏里江岸肆行滋扰等语，由此可见，若不分清地界难免扰乱，本大臣以前尝言及此。

贵大臣似未深信，倘再不及早分清，恐日后益生扰乱，是以本大臣……

永远存记档（嘉庆十年至道光三十年存一册）

凡上谕关于永远遵守或准备载入会典者，由军机处，作为永远存记。此册为子孙命名事，清代自雍正辈开始用胤字作为名字上一字，如雍正名胤禛，其弟辈有胤禵、胤禩、胤礼等，当雍正称帝后，其弟辈则将胤字改写允字。乾隆辈上一字为弘字，为了避写弘字，后来通行文字，就改为宏字。不改写则用缺笔将弘字改写，弘字缺一笔。嘉庆辈上一字颙字，其弟辈后来改写永字。道光辈上一字为"奕"字，其弟辈改写为绵字。现在奕詝（道光）又接续四字，并将避写之处，用谕旨定下来。如玄烨（康熙）若写玄字时，一般都改写为元。如旧时儿童所读千字文，第一句原为天地玄黄，在清代均改写天地元黄；故宫玄武门改名神武门；明嘉靖朝所建大高玄殿改名大高元殿。直到末代皇帝溥仪（宣统）还将仪字避讳，如河南省原有仪封县，曾改名兰封县（即现在的兰考县）。清末一位大臣名叫唐绍仪，后来改写唐绍怡。

玄元通用，大约清以前即通行，辽宁博物馆藏宋徽宗赵佶手书千字文，即写天地元黄，注此以待考。

永远存记档内容一例：

道光六年十二月初三日奉上谕：朕以云礽衍庆，卜世延长。前经降旨，于奕、载辈分，以续溥、毓、恒、启四字，按序命名，引用勿替。因思避名之典历代相沿，我皇祖高宗纯皇帝特降谕旨，御名缺笔书写，以存其义。复谕以奕字辈以下，亦可推广。此意永远遵行，朕思命名之字，既经排次，酌定昭示来兹，自应崇效，圣谟将缺笔书写之处，豫示折衷，以垂法守，亿万年继体承绪者。奕字写奕；载字写载；溥字写溥；毓字写毓；恒字写恒。启字写启。嗣后遵兹会典接续奉行万万世，子孙率循罔替。此谕着军机大臣敬谨存记，并缮录二道，一交内阁封贮，敬识前降选用溥毓恒启四字谕旨一道，亦著缮录一分，交上书房存记。钦此。谨存记

平定两金川文移档

金川在四川省，分为大小金川，大部分是彝族生活区，在清代初年各设土司官职。乾隆十一年，大金川土司莎罗奔率众反清，清朝派兵镇

压，乾隆十四年，沙罗奔降。乾隆皇帝为记他的武功，向全国示威，遂在军机处附设方略馆，编辑《平定金川方略》，由军机大臣任总裁，书凡二十六卷，乾隆十七年刊印。《清国朝宫史》卷二十五：

> 《平定金川方略》一部，乾隆十四年二月金川夷酋沙罗奔，面缚军门……纂辑方略，自十一年十一月，至十四年四月成书。凡二十六卷，十七年校刊。

虽然清朝认为这次镇压胜利了，但金川彝族的反抗并未停止。到了乾隆二十三年，小金川格桑、大金川索诺木联合又举兵反清，声势浩大，使清朝疲于奔命，战事延续十余年，到乾隆四十一年，金川抗清的火焰敌不住清朝的威势，又为清军所扑灭。彝族两次反清运动，最后以失败告终，清政府胜利后，又继续开方略馆，编辑《平定两金川方略》，书成共三十二卷。

清《国朝宫史续编》八十五："钦定平定两金川方略，乾隆四十一年敕撰，小金川僧格桑、大金川索诺木事。"

此档内容大部分是方略馆在进行编辑时向内阁、翰林院，及有关的各部、院机关征集资料的咨文，以及日常事务"文移"等文件。

清乾隆皇帝在位六十年，夸耀武功，总计十次因而自号"十全老人"。两次平定金川列为十次中的两次。

平定两金川文移档内容一例：

平定金川方略馆为咨取事，照得本馆择于本月二十五日开馆纂修方略，所有各部、院办过金川事件，逐一钞录底稿，务于本月内呈送本馆，以便纂辑，毋得遗漏，为此合咨贵部查照可也。

右咨。

内阁翰林院、内务府、吏部、户部、礼部、兵部、刑部、工部。

乾隆十四年四月二十二日。

商约发电档（光绪二十七八年）

一九〇〇年后，在签订的丧权辱国的《辛丑条约》之外，各侵略国纷纷进行改订商约，进一步掠夺中国人民的利益，当日清廷为了应付并讨好列强，特设商约大臣负责办理。这时根据《辛丑条约》中国设有外务部衙门，总理各国事务。凡属外交事件，外务部照例送给军机处副本存查，外国照会原本亦后由军机处存储。

商约发电档内容一例：

发吕、盛大臣（按吕为吕海寰，盛为盛宣怀）电：八月二十七日，英使照称近订商约第四款云云。查六月二十四日马大臣照会吕、盛大臣内称，本国政府，虽允照第四款末段办理，惟须声明惠通及羽类各案，仍可任便酌办等因在案。此照案谅吕、盛大臣已经咨部，应请查照立案等语。查此案前准南洋七月齐电、真电及尊处七月元日电，当已称文驳复，马使兹准前因，希查南洋指驳原咨摘要电复，以便照复英使，并钞来往公牍，咨部备案，外务部启。

东事收电档（光绪三十年）

一九〇四年，日俄两列强争夺中国利益，在我国东北作为战场。自从一九〇一年签订《辛丑条约》后的清代政权，在日俄两列强欺压下，不敢以主权国家进行干涉，任它们在我国领土蹂躏，并表态中立作壁上观，真是令人愤懑。此档系当日中国政府清王朝将得来的日俄战况，电告军机处外务部的记载，名为东事档。

东事收电档内容一例：

收北洋大臣致军机处、外务部（二月初一日）：

顷据奉探鲍电称，俄北来步队七百名，马队一百名，二十九日北来马步队九百名，马队一百名皆南去。并据营口探称：海关监督将各物运走；道胜银行所购粮食均退回商家；俄国均已北去，俄占该埠地段，向悬俄旗，今一律改悬法旗，交法人保护口外游弋云。

安南档（乾隆五十七年至六十年一册，嘉庆元年正月至十二月一册）

这类档册，共有二册。是清代在乾隆五十一年（一七八六年）时，正当当日安南黎氏、阮氏两贵族争王位，诉于清廷，弘历（乾隆）为了调解，曾左袒黎氏，但后来王位终属于阮氏，承认清王朝为宗主国。与阮氏商定，每三年"一贡"，每四年遣使"来朝"一次。在乾隆五十六年敕编了一部"平定安南纪略"。黎氏贵族则安置在北京，结束了这次调解邻邦内政事件。这两本档册中记事，就是这个时间的，即所谓"进贡"的事，其中还有与安南边境安全事件。

安南档内容事例之一：

查安南国呈进贡物，按例折算，约值银二千一百五十余两。所有例赏加赏该国王物件，按例折算约值银二千七百七十余两，计多银一百二十余两。其例赏加赏该国陪臣及随从人等物件，约值银八百九十余两。尚子在此内，其余赏赐各国物件仰体圣明厚往薄来至意，比该国俱有多余，向来均系如此办理。谨奏。

各处进呈奏折档（乾隆四十五年十二月）

军机处附属机关有方略馆开始，为纪录用兵两金川事件。嗣后凡在用兵以后，均编辑战事始末，称为方略或纪略。在乾隆朝计有十次，为了夸耀名为十全武功。这些武功，在清史研究中，其中有维护国家统一的，如平定准噶尔方略，也有镇压农民起义的方略。在研究清史中须用正确历史观点，进行分析利用，鸦片战争失败之后，中华民族沦入半殖民地半封建地位，清王朝把一系列丧权辱国的事件也编辑成书。除记录太平天国事件，称平定粤匪方略，关于和外国的事件，已不再用方略、纪略的书名，改名为《筹办夷务始末》。计有道光、咸丰、同治三朝事件。光绪一朝事件成书已在辛亥革命之后，印行时改称《清季外交史料》，其体例与夷务始末相同。自乾隆朝以来，所编的方略、纪略，以及夷务始末，内容材料均取之军机处档案。方略馆所在地，军机处所在地，就是军机处存放清代谕旨奏折档案库房。

各处进呈奏折一例：

臣阿桂、臣福、臣梁谨奏：奏臣等遵旨编辑平定两金川方略自一卷至一百三十六卷业已完竣，全行进呈，并请缮录天章列为卷首，仍案卯期恭进，先经奏闻在案。兹臣等敬谨校缮御制碑文四篇为一卷、御制诗壬辰年至乙未年为四卷，恭呈。

剿捕逆番档（乾隆四十六年存一册）

此档记乾隆四十六年，甘肃少数民族撒拉尔回族争立新教，清廷限制，进行镇压。档中都是有关上谕、廷寄、军机处奏片等文件。

换班大臣档（咸丰元年至十年存九册）

是记载新疆换班大臣事。

缅　档

乾隆三十二年时与缅甸边界事（档册内容事例略）。

新疆档（同治七年至十三年）

清制新疆将军年更换，这种档一般名为换班大臣档。此档即系记录此事之档，而此档比其他换班档较详，内容包括人名履历籍贯等。

新疆档内容一例：

　　伊犁将军明绪，镶红旗满洲人，年四十七岁。

　　咸丰九年十月放塔尔巴哈台参赞大臣，同治元年四月调伊犁参赞大臣，三年十月放伊犁将军（携眷）。

巡防事宜片行档（咸丰三年存一册）

这是太平天国革命时期，与捻军蓬勃兴起抗清的时候，奕訢（咸丰）心惊胆破，担心革命长驱直入京城被攻陷，因而加紧练兵设防，指派亲王僧格林沁为办理巡防大臣总其事。当日整顿八旗军，操练八旗军，当日封建皇廷惶恐之状，极为狼狈。片行是封建时代简单开式的公文之一种。

巡防事宜片行档内容一例：

钦派五大臣为片行事：五月十八日奉命专办各旗营巡防事宜，所有在京各旗营，及外三营，内务府额设亲军，前锋护军领催，马养育兵等项若干名内，能用火器者若干名，能马步射者若干名，其各项技艺亦应分别等第，头等若干名，三等若干名，相应片行值年旗转行在京各该处，务于三日内详细谘报步军统领衙门，事关紧要，万勿迟延可也。

新疆换班大臣档（道光十七年）

新疆是我国少数民族地区，在清代设新疆办事大臣，下面有协领等官管理。同治以后镇压了当地农民运动，到了光绪九年取消旧制，与全国各省官制统一编制设官，这是设办事大臣时的记事。

新疆换班大臣档内容一例：

记名新疆协领德克济春，乌鲁木齐协领，四十三岁，道光十九年五月由兵部补行带领引见，奉旨交军机处记名。

军务档（光绪二十六年六七月存二册）

此档系记载一九〇〇年（清光绪二十六年）义和团起义反帝斗争之事，仅存二册。这是初期阶段，此时清廷尚拟利用起义力量维护王朝政权，准许在京师立团，未与帝国主义公开进行勾结时。随后八国联军侵入北京，对清政府施加压力，叶赫那拉氏（西太后）便投降帝国主义者，联合起来屠戮了起义的农民，镇压了这次反帝革命运动。

军务档内容一例：

交统率义和团五大臣，军机大臣面奉谕旨，著派长麟、文瑞，分统京师义和团民，前往通州、天津一带，扼要助剿，勿任敌兵北犯，并随处纠集本地团民，挖壕筑垒，以防分窜，是为至要。钦此。相应传知。

贵王大臣，钦遵办理可也，此交。

六月二十二日。

有人奏档（道光十九年至二十八年存一册）

有人奏档系交外省查办事件，交查时，不写明是何人所奏报，只提有人奏。因内容多为弹劾揭发的事，所以不露原奏姓名，档册首载说明曰："道光十九年六月初一日，奉堂谕：凡奉旨饬交外省查办之案，另立一簿，随时登记，何年月日，何人所奏，摘叙事。俟覆奏到日，如何完结，摘取要紧数语，以便查考，奉此。军机处档只存有道光年间一册，其实此制，在康熙、雍正时已有，雍正时最多。在实录中经常见到交查事件，写有人奏字样。故宫中存有奏折原件：雍正年间被裁去原奏人的姓名折子，胤禛（雍正）多亲手在裁截处签字。

有人奏档内容一例：

五月十七日，寄林则徐、吴文镕，分查闽、广两省海岸口停泊夷船，收买内地幼孩回国，如有此事，是否只供驱使，抑有别项情弊，据实详细奏闻，由军机大臣穆等奏片。

八月十七日林则徐覆奏，查明并无左道笺生。

苗匪档（乾隆六十年、嘉庆元年二年）

这是乾隆至嘉庆年间，镇压苗族起义事件，其中有当日镇压苗民时，有关上谕奏折等。到了嘉庆初年，军事结束，编有《平定苗匪纪略》五十二卷，以记武功。为满清王朝屠杀少数民族的罪证史料。带兵镇压少数民族罪犯有福康安、和琳等人。

苗匪档内容一例：

军机处奏片：

兹据和琳奏到，苗疆善后事宜一折，臣等公同详晰核议，内惟查禁鸟枪一款，诚如圣谕恐有名无实，应令和琳察核情形再行妥酌，其余五款当属可行，现俱照拟核复，谨奏。

元年八月初六日。

高朴玉案口供档

清代对于新疆玉的开采和东北人参采掘，均为皇室专利，违者给以重罪。开采新疆玉，在乾隆时代日无虚日，派亲近大臣管其事，职衔为叶尔羌办事大臣。当日回族人民时有倾家荡产者，死于玉地者，所在皆是。经管采玉官吏亦都上下其手，借机倒卖玉石。高朴是清代大学士高斌的孙子，为弘历（乾隆）慧贤贵妃的侄子，以二品大官侍郎身分被任命为叶尔羌办事大臣，高朴得任这样的优缺，除役使数千回族人民，为其主子开采玉石外，他自己乘机将开采所得，私运内地转卖，因为主子和奴才，这样争夺玉石，弘历遂将这个忠心为其效力的奴才，大学士高斌的子孙，又是他的宠妃的内侄，就地正法了。并牵连一些爪牙，成为大案。这事充分反映了封建王朝中，主子奴才利害关系是这样的。由此可以想见他们在采玉中，人民流血流汗和大量的死亡，弘历等人就更不会有所怜惜了。这个档子在今天就是他们罪行的记录。

高朴玉案口供档内容一例：

> 臣等遵旨将熊廉所供，在叶尔羌起身时，曾为高劝阻，高朴还有些回转的意思，他家人李福不依等情节。问李福据供，我在叶尔羌起身时，熊廉因带的玉石太多，若前途被人盘问出来，恐怕受累，向我主儿劝阻过，原是有的。那时我因诸事俱已办妥，就对他说前途有人盘问，自有张銮与我承当，与你无干，你只管去吧。他就与我们同走的。这四千两银子，也是我主儿原许酬谢他的。

幸天津档（乾隆五十三年、五十五年）

清代弘历（乾隆）在位的六十年中，屡次到东北、江南、山西、河北各地旅游山水，有时还借关心老百姓为名，他三次到天津，就是以阅视河工为名。封建皇帝到达什么地方，叫做"幸"，那意思是给地方带来了幸福。但是他们到那里一次，那个地方的农民就要给这个独夫修路修行宫，经过之处，装潢点景。事过之后表面上，下个"恩诏"免这个地方当年的钱粮，实际上当地农民就要卖儿鬻女，有的流离失所。带来的不是幸福，而是灾难。

幸天津档内容一例：

> 恭查乾隆三十二年、三十五年、三十八年三次圣驾巡幸天津，俱奉有恩旨，沿途陆续颁发。此次皇上巡幸天津阅视河工，所有加恩行庆事宜，应否拟写恩旨，臣等谨将三次各款内酌拟七条，开单呈览，伏候钦定后再进行拟写谕旨进呈。此外如尚有询问地方，另行加恩之处，临时再行请旨遵行。谨奏。
>
> 二月初十日。

回子伯先档（又名回子档，乾隆五十一年至五十七年）

此为乾隆记接见维吾尔少数民族上层贵族，阿克伯先为官职。

回子伯克档内容一例：

> 三次。
>
> 紫光阁。
>
> 赏阿克伯先（二品伯克二品顶带）锦二匹、漳绒二匹、小卷八丝缎三匹、小卷五丝卷三匹、大荷包一对、蓝瓣小荷包二对、银五十两。

剿捕教匪档（嘉庆四年二册、六年一册、七年一册）

这是嘉庆年间镇压四川、湖北各省，以地方宗教为掩护的农民反抗运动，著名者有张汉潮等人。

剿捕教匪档内容一例：

军机处奏片：

臣等遵旨传到四川教谕彭昭麟，面询川省贼匪情形，谨将该员亲笔书写奏片呈览，谨奏。

十一月二十二日。

各衙门文书簿

内容为随手档，存道光朝所登记的，多为京中各衙门，有内阁、宗人府、顺天府、内务府等机关。

各衙门文书簿内容一例：

道光十九年正月十三日，一号，顺天府为皇太后普济穷黎谢恩。

阁议档（清宣统三年存一册）

这本档是清代即将垮台的时候，辛亥（一九一一年）将策划镇压全国人民，军机处机构废除，后改立内阁，这内阁实际上是皇族内阁，这样改制，也没有挽回它灭亡的下场。在成立内阁四个月以后，民军在武昌起义了，清朝封建政权随之倒台了。

阁议档内容一例：

内阁总理大臣和硕庆亲王臣奕劻等跪奏：为遵旨议奏，恭折会陈仰祈圣鉴事，二月十九日奉旨……

行文档（道光五年三月存一册）

此为军机处附属方略馆编辑书籍，移送武英殿修书处行文。

行文档内容一例：

方略馆为片送事，照得辽、金、元三史语解，本处业经缮妥十卷，先行移送贵处。其余现在赶紧缮写续完续送可也。须至片者，右片送武英殿。

道光五年八月初八日，提调安、收发阿布。

上谕档

上谕即封建王朝的皇帝所下的命令。从秦始皇帝时，称皇帝的命令为"诏书"。旧史书称皇帝尊之曰"上"，所以诏书又称上谕。

清代上谕档内容一例：

道光四年五月二十四日奉上谕，晋昌等奏宗室觉罗学生，不敷应考额数，请展限考试一折，盛京宗室觉罗学生，现届五年应行考试之期，据该将军等查明额数不敷，请展限办理，著照所请，准其展限五年，俟届期足敷额数，再行谘报宗人府，奏请考试。钦此。

办理校勘（陕甘云南回匪方略、贵州苗匪纪略）行移档（光绪二十二年三月存一册）

这是军机处所属方略馆编纂方略印刷事宜咨文各有关单位的事务档。

办理校勘行移档内容一例：

方略馆为知照事，本馆办理平定陕甘新疆回匪方略，贵州苗匪纪略，于光绪十九年七月初五日奏请用总理各国事务衙门，集字板印刷，奉旨，依议。钦此。现拟即行开印，所有贵衙门，应备一切事宜，希查照。同治年间刷印粤捻方略，成案办理可也。

右　知照总理各国事务衙门。

光绪二十二年三月二十日

剿办南山教匪清档

这是嘉庆十九年，陕甘等地少数民族起义抗清的事。嘉庆十八年，河南农民天理教起义事件，在清王朝残酷镇压下，尚未结束时，少数民族继之而起，因而清廷极端不安，派遣大军深入陕甘山中。南山系在陕西省和甘肃省。

剿办南山教匪清档内容一例：

嘉庆十九年，军机大臣宋寄热河都统陕甘总督高，嘉庆十九年正月十四日，奉上谕，高杞奏查明南山匪徒起衅滋扰，并现在官兵剿办情形一折。高杞抵军营后，与长龄等合筹各路剿贼机宜所言俱是。惟据称拟俟大兵入山后，再行驰赴兰州，殊可不必。军营有长龄等，在彼督办。甘肃地方紧要亟须大员经理。高杞经朕特令接署督篆，即与实授无异。该署督著将应缉、应审各犯及地方一切公事，实力妥办，不可以暂时署事，存五日京兆之见。其五郎关之伪号天平大王刘天贵，鄜州王家角之王、凤二犯，节经降旨饬拿……钦此。遵旨寄信前来。

教案收电档（光绪三十二年）

西洋教自入中国以来，在清代初年宫廷中即有一时期信奉它。如顺治之于意大利人汤若望，康熙与罗马教皇使节书札，在康熙时并允许在京城内修建教堂，外省地方亦有修建。迨至鸦片战争后，西洋传教士，更是大量涌入。第二次鸦片战争后，法国侵略者，承担保护传教士和教堂，教士、教民成为特殊阶层，同时又是政治间谍。从这时起地主阶级在封建王朝卵翼之下，有的还投靠到教堂中去，贫下中农灾难又多一层压迫。义和团农民反帝运动，被帝国主义和封建政权勾结在一起，镇压了这一运动。后满清王朝投降帝国主义，签订了卖国的《辛丑条约》，传教士更加深欺压农民，因而各地农民起来反抗，烧毁教堂之事迭电清廷，对于这种事件，称为教案。处理这种案件，都是买好帝国主义，惩治中国人民，甚至不惜撤换王朝的封疆大吏以换取帝国主义者的欢心，这是所有所谓教案的结局。

教案收电档内容一例：

收江西抚藩县致外务部电：二月初一日。

本日城内法国天主堂神甫王安之，缄约南昌县江令召棠申刻便饭，面商新昌县棠浦旧教案。坐中仅王神父及堂中司事刘姓二人。旋闻召棠颈受刃伤，随饬南昌府新建县赴堂验视，伤痕甚重，究系如何致伤，主饬确查再定办法。一面赶紧医调，一面保护教堂，先将大概情形电闻，余续陈。幹、浩、康、艳。

军机处自光绪初年使用电报以来，向外省传达事件，遂立了电报档，此为电报之一种，关系外交事件，由外务部出名，军机处存副本电稿。

发江西电内容一例：

冬电悉，江令在教堂受伤情节甚重，实堪骇异。顷已照会法使，速饬堂内应讯之人交出归案，秉公审讯。仍希安抚人心，一面加意保护，并将续查及现办各情，随时电复。外务部江。

未递电信档（光绪二十二年十一月至十二月存一册、二十四年正月至五月存七册）

在清朝光绪初年，中国已安设电报通信，自此以后各省向军机汇报，或急事奏报给王朝皇帝的，一般都使用电报。军机处酌量事件大小，有的上报皇帝，有的则由军机处存档。未递电信即未呈递给皇帝者。

未递电信档内容一例（此例系甲申中法战争后关于划界事）：

收滇督等电（十一月初七日）：

臣接南瀛分统刘春霖鲍电称，现立中越第二段界牌，法员已画押，图内线由甲字逾丙字，系一直划去，村寨多割截破碎，竭数百牌，亦难划清，欲更改红线，由新店至新寨，以分水岭为界，由新寨顺戈索界粹里河、戈马均以为界，由戈马上连落水洞丙字处以山为界，余遵红线立牌等语……

考勤簿（光绪三年至三十三年存一、三两册）

为方略馆供事（一般钞写人员）的考勤簿，过去凡低级人员上班，到达机关后，在考勤簿上签上自己的名字，并写个到字。

考勤簿内容一例：

四月初一日：

翁毓怀到。

杨树棠到。

剿捕折片档（清嘉庆二年存七册缺四、八、九、十）

此为目录性的档册，专为记载镇压各地起义的人民事。

剿捕折片档内容一例：

正月初二日，惠龄折，一兜捡梓山等处贼匪情形。

内收文簿（光绪三十三年）

内容为按月日记载某部折奏事由，与军机处最早设立目录性质的随手登记档相同。

内收文档内容一例：

外务部十一月初五日，第一号：为此次考试优生，应简派阅卷书衔。

各省致军机处电文档

是档共七本，不记年，只有月日。查其内容，是光绪二十六年即一九〇〇年八国联军侵略我国，成立外务部以后，有关外交事件，纸用印有外务部字样公文纸（档册内容事例从略）。

折单档（光绪二年至二十七年存十三册）

此档为军机处档案目录类之一，折单是指奏折中所夹的单子。清代故事，自雍正年以后，凡属私事，或保密事件，俱用奏折上报，可直达封建皇帝阅览。奏折事多，一折不能容纳，则用附片，其附片最多不过五件，类如一般信件中，"再启"之类，亦即附陈之意。除附片之外，还有附单。单的内容不叙事只记统计数字，如雨水量数，粮价数字，镇压农民的口供。在乾隆年间，大兴文字狱时，各省进呈违碍书籍单等，都属于此类。此档则是记载某人奏折有单，极简略，只有月日人名。

折单档内容一例：

新正月初一日：

倪文蔚。

初四日：

张曜。

初七日：

裕禄、李鹤年。

议奏档（乾隆十六年）

凡京内外大臣奏事，有须九卿核议之事，即交下会议，然后将会议结果再行复奏，名为议奏，又名议覆。

议奏档内容一例（乾隆十六年）：

军机处奏片：

大学士么傅等谨奏，查大学士、九卿核定，保举儒学之吴鼎、梁锡玙二员现在京师，今遵旨将平日著述呈送内阁，理合进呈。该员等俟该部另行带领引见，合并奏明。谨奏。

六月初一日。

朱批档（道光二年存一册，无年月档存四册）

这种档册，是军机处方略馆下级人员如"供事"之类，日常事务记载。所谓朱批档，是记载收到朱批奏折件数，有时间有人名。供事为低级钞写人员。

朱批档内容一例：

四月十六日：

高老爷交下江宁将军崇善朱批一封文件。

东陵事务衙门寿全等朱批一件文件。

议叙等第册（咸丰十一年一册）

为军机处所属方略馆等处"供事"（书写人）履历议叙等第，凡得议叙者，详记年龄经历，并拟提升等级。

议叙等第册内容一例：

谈明征，现年二十三岁，身中，面白，无须。系江苏常州府武进县人。于咸丰八年四月考取内阁供事，是年十二月咨送方略馆当差，十一年四月初二日承办军机处汉档告成，议叙列为一等，部议归于双月之缺，选同签掣从九品。

与俄国国界互换记文档（咸丰十一年存一册）

这是在第二次鸦片战争时，沙俄借机侵略中国大片土地。革命导师马克思对此有深刻的揭露，在马克思全集中可以查见。

与俄国国界互换记文档内容一例：

大清国与俄罗斯国，详细按着去年诺雅布尔月初二日所定和约第一条、第三条内之记文，和约之第一条内云……

（选自《我在故宫七十年》）

清代军机处档案中所藏汪兆铭谋刺载沣供词

一九一〇年岁在庚戌，时为清王朝末帝宣统二年。追随孙中山从事革命运动的汪兆铭（精卫），其时正是一个血气方刚的青年。为了加速推翻清王朝，来北京密谋埋藏炸弹、杀死当时王朝摄政王载沣。事未成被捕入狱。次年，辛亥革命事起，汪兆铭获释。汪所埋藏炸弹的地点是在载沣府第稍东一池，与什刹后海相连水洼处，连水洼有一出水暗沟，以青石板叠为小桥（其北为明代古寺瑞应寺，现已拆建为中学）。

我出生在甘水桥附近南官坊口胡同，时为一九〇七年。在六七岁时，先君常携余弟兄游德胜门果子市、糖市或去西城护国寺庙会，途经甘水桥经过水洼时，先君曾告知革命党在此小石桥曾埋炸弹谋炸摄政王。其时小桥尚可见，沟道和沟嘴犹存，当时孩童之年亦不晓何谓革命党，蒙蒙脑际而已。及予长至十七岁，已是旧民国十三年，公历一九二四年。当时北洋政府在贿选总统曹锟倒台之后，时为黄郛摄政内阁，黄与冯玉祥将军、李煜瀛教授等决议，清末帝宣统（溥仪）迁出皇宫，完成辛亥革命未竟之业。成立清室善后委员会，清点故宫文物，予承北京大学教授之荐引，入清室善后委员会协助清点文物零星工作。一九三〇年整理清代军机处档案，在折包档中见有汪兆铭供词一通，并附有关文件、亟录一通。置诸箧中历六十二年矣。历年动乱，书稿散失极多，近日偶在旧书函中发现汪兆铭供词旧钞，其余奏件则不可得。按汪兆铭谋杀摄政王载沣事，屡见近现代史中。兹从旧箧中检出供词，持以示友人以供谈助，友人曰：如此供词已见诸其他刊物，而此件系钞白清代历史档案中，亦可供研讨之参考也。

此供词从语气观之为汪兆铭所写自供，汪在当日所分析国际形势和清王朝拟以立宪为饵来制止革命。汪氏供词以历史时代评之，汪是一个旧民主主义者追随人，有其见解之处，在当时革命口号具有反满族统治者之内容，尚未达到反封建反帝之觉悟，汪氏之识见亦其范畴。其晚年投靠日本帝国主义，并和日本培植的伪满洲国合作成为中华民族之罪人有由来矣。

当日汪兆铭埋藏炸弹地点，过去一般均认为是后海之东尽头处银锭桥，不知实为甘水桥水洼暗沟前之小石桥。数十年前，东莞张次溪先生写过汪精卫先生行实录，刊于《中国史迹风土丛书》中。对汪兆铭埋藏炸弹地点进行考订，征文考献用力至勤，确定为是甘水桥暗沟小桥、与予幼时所闻先君之述旧事相合。张次溪先生在一九四三年北京沦陷之际，曾上书当日北京市当局，建议将此小桥改称庚戌桥，亦刊入史迹风土丛书中。事虽未行，亦可作旧北京在沦陷时，国难史中随汪者为其所作之挽词观之也。其上书曰：

　　监察院简任秘书张江裁呈为标定地名以存史迹而重名贤事。案北京地安门外清摄政王府附近小桥名甘水桥，小石桥者实为今国府主席汪公精卫于宣统庚戌，发难举义谋炸权贵以告国人惊天破地之处。吾中国历史地理上所当揭橥珍重之一大端也。豫让刺赵襄子伏于桥下，施全刺秦桧之亦伏于桥下，彼二子往迹皆以桥下著名，况此甘水桥有系于我民族史迹之重回非前二者之侔乎。今甘水小桥应定名为庚戌桥，标定地名以存史迹。使百世之下闻风者得以兴起实为公便等语。

　　张江裁先生此文正是汪兆铭与蒋介石争权，置民族存亡于不顾，俯首帖耳于日本军国主义之下，做亡国奴之时。汪氏之为人，在抗日战争胜利后固已盖棺定论，已不足道矣。至于谋杀摄政王载沣之事，在其出狱后，在风土丛书中还刊汪兆铭几段《正月的回忆》中写道：

　　一九一〇年我在北京企图暗杀当时摄政王未成，被拘禁狱中。一九一一年正月在北京铁窗下过的，当时北京的监狱正在改善囚犯待遇不久，比诸以前要人道的多了，但是我的脚还是上了镣铐。每三餐叫做老米已很陈，脂肪早已失去了的带色粗米饭一碗，咸萝卜一碟，汤一杯。每五天吃一次豆腐，但比诸过去已好得多了。但当时我是血气方刚的青年，始终闹肚饿荒。吃肉是一年三次，端午、中秋及元旦，尤其元旦每人给一斤肉。在狱中过去的这一年正月，忘却一切、贪婪的吃肉。暗杀摄政王计划的同伴是叫喻培伦号纪云的，千叶医专出身的医生。在我们之间有点化学知识的只有他一个人，所以由他担任制造炸弹。他后来死于黄花岗之役。救我命的是肃亲王。肃亲王为使我抛弃革命的决心，用尽了种种方法，曾经有一次把我带到法场上逼我变更革命的决心。他常到监狱中与我谈论天下大事，谈论诗歌，我是能免一死，也许是一种政治作用的。但是我每回忆到这个时候的事，总想到这位清朝末期的伟大的政治家。

汪兆铭的回忆，是感谢清王朝肃王善耆免他一死，汪还评价善耆是清朝的伟大政治家。汪兆铭晚节早已盖棺定论，不再作评论，这篇供词发表于此，作为史料观之可也。

另：在检出此旧钞时，回忆起一九二五年初清室善后委员会点查清宫文物时，参与者有北京大学讲师、助教等。当时这些师长曾编印小型刊物名曰《文献》。委余以编排校对之事。在《文献》刊物中，曾发表有汪兆铭供词，是在宫中杂档中发见者。其时清代军机处档案，在辛亥革命后，即移存旧民国国务院，故未见此供词。当日编者在《文献》中发表，与予在一九三〇年由军机处档案所见者不同。编者曾写前言讶其供词，仅寥寥数百言为之惊异。在一九二五年编《文献》刊物时尚未发见。余在军机处档案中所见者，或即世所传者汪氏供词之万言书乎？今将一九二五年所刊者附录于后：

附：一九二五年《文献》刊物上所发汪兆铭供词及前言

前清宣统二年，汪兆铭谋刺监国摄政王载沣，事泄被获，先定死刑，嗣载沣鉴党祸日久相寻恐益重其怒，乃作释怨之举，以博宽大之名，肃王善耆从而和之，因饬法部改处以无期徒刑、加重永远监禁。翌年辛亥革命军起义，溥仪下诏罪己，并释汪狱，交两广部督张鸣岐差委。当其被获堂讯之时，外间所供万言，而查内府旧档仅寥寥数百言耳，兹将供词录后，胡厚庵、罗世勋供词附。

汪兆铭供：字季恂，别号精卫，系广东番禺县人，今年二十七岁。十五六岁时，父母先后去世，兄弟四人，现长兄尚存，久与兆铭不通音问。兆铭十九岁应试入学，二十岁由本省遣送日本，进法政学校速成科，孙文虽系同乡，从前本不相识，到东京后始相往来，孙文一切革命举动，兆铭文人无能帮助，只在《民报》馆充当主笔，发释宗旨。及前三年朝廷宣布立宪，兆铭改入法政专门，研究学问，不复与问报事，故《民报》二十六号以后，无兆铭论文。数年以来，见我国预备立宪办法颇难满足吾人的希望，思于京师据本之地，为震奋天下人心之举，故于今年二月初间，将从前孙文处所得之炸药携带来京。谂知素识之黄复生在琉璃厂开设照相馆，遂以三百元入股，固得寄居黄复生寓所。兆铭从前同学之人在京者甚多，此次来京，固恐被人识破，日间从未访过一人，在京察看情形多日，拟在什刹海小桥地方埋藏炸药。兆铭不通北京语言，先托词有不可透光的照相药料，须用铁罐装贮，嘱黄复生代觅工人配作，当时并未将炸药之事告知。及铁罐做成，兆铭一人将这炸药密装入罐，配好电线，于二月二十一、二十二、二十三等日晚间，独乘人力车到彼。车夫去后密往小桥下掘土按置罐、电线等件。二十三晚九钟后，忽见桥边有人持灯来往，因恐败露，遂携电池出城。次日本欲前往探视，又怕认出，始得将前情告知黄复生，商允伊出什刹海打听，及伊归，称说看不出有无败露痕迹。二十七日黄复生回寓言及朋友在相馆谈说城内已发见炸药，彼友虽不悉内容，我们却自知失败。这照相馆兆铭平日本未去过一次。初七日一早，在寓听仆人来说照相馆不知何故被警察搜捕。兆铭知事已发竟恐他人无辜受累，拟即自赴相馆投首，至中途即被捕归案。今承讯问兆铭埋藏炸药意在牺牲性命震奋人心。并非预备暴动亦无人事后为之接济。至所埋炸药兆铭以前并未经试验，不知实在力量大小，此事以秘密为主，同谋并无别人。即黄复生在二月二十四日以前尚不知情。罪只兆铭一人望勿株连。

胡厚庵供：我系四川巴县人，今年二十五岁。宣统元年五月间来京找事，侨居川南会馆。本年正月间由喻云纪介绍在琉璃厂守真照相馆佣工兼学照相手艺，月给工价洋四元。至于我们掌柜黄复生因何被捕，实在不知情，所供是实。

罗世勋供：我系四川内江县人，年二十八岁。宣统元年四月间到京，八月考入吏部学治馆肄业，向往川南会馆。旋因旧友黄喻云来京，因其介绍又识黄复生。本年正月，黄复生开守真照相馆，约在该馆充当伙计，月给工资十元。开馆后仍兼上学用功、盘费不济，遂允其约。至于黄复生有无另外事故，实不知情，所供是实。

汪兆铭，别号精卫，前在东京留学时曾为《民报》主笔，生平宗旨皆发之于报，可不多言。丁未年孙逸仙起事进兵败后，携炸药军器等出，我潜以此等物件纳入书篚内，寄存友人处。后复在南洋各埠演说，联络同志，继思于京师根本之地，为震奋天下人心之举故来。又自以平日在东京交游素广，京师各家熟人颇多，不易避面，故闻黄君照相馆之设，即以三百元入股，至京居其家。黄君等皆系知精卫目的所在。相处月余后，见精卫行止可疑，颇有疑心，故照相馆中有人辞去。至于今日，忽闻传言，照相馆中有事，故即往阅，知事发，不忍连累无辜，故复回寓，拟留书黄君自白，未至寓，遂被收捕。自被逮以来，诘者或曰今中国已立宪矣，何犹思革命而不已？呜呼，为此言者以为中国已有长治久安之木，而不知其危在旦夕也。自吾党人观之，则数年以来，其益吾民之怨痛而不可一日安者，固未少减于曩昔，且日以加甚者也。今之持立宪之说者，以为立宪则必平满汉之界，而民族主义之目的可以达；立宪则必予民以权，而民主主义之目的可以达，如是则虽君主立宪不可以即于治。以吾党人论之。姑勿论所谓平满汉之界与所谓予民以权者，为果有其实否，即以君主立宪之制而言，其不能达济国之目的，可决言也。谈法理者，每谓君主仅国家之最高机关，有宪法以范围之，则君主无责任而不可侵犯，故君主立宪尝不可以治国，此于法理则然矣，以事实按之，而有以知其不然也。大抵各国之立宪，无论其为君主立宪，为民主立宪，皆必经一度革命而后得之，所以然者，以专制之权力积之既久，为国家权力发动之根本，非摧去此强权，无由收除旧布新之效故也。法国当路易十六即位之初，盖已几树立宪君主政体矣，而后卒，不免于大革命，其故实由于此。此非惟民主国之法国为然，以君主国言，若英所谓宪法之母者也。若德、若日本所谓君主立宪政体之强国者也。今之言立宪者多祖述之，其亦尝一按此三国之历史乎。英国无成文宪法，其所谓权利请愿与所谓大宪章者，实由几度革命所造成，其宪法发达之历史，盖递迁叠变以至于今日者。法学者谓英国之国体，虽曰君主制，而以其政治而论，实为民主政治，非虚语也。德国之宪政，由日耳曼诸邦自治制度夙已发达，足以为其根本，故君主立宪之制可行之而无碍。至于日本，则所谓最重君权之国也，其宪法上君主之大权，远非德国可比，微论英国。今中国之言宪政者，或谓宜以日本为法，或谓其君主大权过重，戾于法理为不足学。吾以为前说固无足论，即后说亦徒为法理之空谈，非事实之论也。夫谓日本宪法君主大权最重者，于法理上则然耳，至于事实则大权固不在君主也。维新以前，幕府专制，天皇仅拟虚位，是故倒幕之役，实为日本政治上之大革命，西乡隆盛以兵东指，德川幕府以兵迎降，政治上之大权已稳于维新党之乎。于是德川归政，天皇总揽大权。要其实，则天皇高拱国事皆取决于倒幕党之手。是故日本之宪法，以法文而言，则大权总揽于君主，而以历史而言，则其国家权力发动之根本固已一易而非其故矣。今以此三国立宪成迹衡之中国，乃无一相类，既非如英国宪法之以渐发达，又非如德国有自治制度以为根本，而又非如日本之曾经废藩倒幕之大革命，其专制政体行之已数千年。自二百六十余年以来，且日益加厉。所谓国家权力发动之根本，在于君位，而政府及各省行政官特为奴仆，供奔走而已，一旦慕立宪之名，而制定宪法大纲，其开宗明义以为宪法所以巩固君权。夫各国之立宪，其精神在于限制君权，而此所言立宪，其宗旨在于巩固君权。然则吾侪谓如此立宪，适为君主权力之保障，为政府之护符，其言有少过乎，呜呼！如此之立宪，即单以解决政治问题犹且不可，况欲兼以解决民族问题乎。夫民族主义与民权主义，有密接之关系。民族主义谓不欲以一民族受制于他民族之强权，民权主义谓不欲以大多数之人民受制于政府之强权，然所谓强权此即政治上之权力。今号称立宪，而其目的在于巩固君主之大权，是其强权较昔加历，其终为民族民权两主义之敌，不亦宜乎？论者又曰：此为国会未开时为然耳。国会已开，则民权日以发达，故为政治革命计，当以速开国会为惟一之手段，为此言者可谓惑之甚也。夫立宪所以巩固君主之大权，上文已言之矣。而国会者，即为此大权所孕育而生，如婴儿之仰乳哺，得之则生，不得则死，如是之国会，而欲其能与政府争权限以为人民之代表，庸有望乎。吾敢断言，国家权力发动之根本，未有所变易，而贸贸然开国会以生息于君主大权之下者，其结果不出三种：一曰国会为君主之傀儡，前此之土耳其是也。土耳其尝立宪矣，其宪法悉模仿欧洲君主立宪国条文，颁布之后，以亲佞之臣组织内阁，以各省总督为上议院议员，以阿附朝廷之小人为下议院议员，粉饰苟且，殆如一场戏剧，未几新内阁颓然而倒，而国会亦闲歇不复开，至昨岁而有少年土耳其党之大革命。二曰国会为君主之鱼肉，今之俄罗斯是也。俄自与日本战败后，迫于民变，不得不立宪，其宪法条文之完善，较之宪法大纲相倍蓰也。其政党之强立，较之今日请开国会者之儿戏相霄壤也。其宪法由民党数十年血战所购得，较之今日所谓立宪又不可同日而语也。然而国有权力发动之根本，无所变易，国会终不能与政府之威权相敌，故自有国会后，以持正义之故屡被解散，议员之逮捕者累累不绝，浓血充塞之历史如故，革命之风潮亦急激如故。三曰国会为君主之鹰犬，今之安南议会是也。安南隶属于法，法欲苛敛其民，而虑以是激民，乃开议会，以安南人之有资望者，为豪杰员，为会同员，每欲加税，辄开议会，使议决号于众，曰此议会议决也。故安南之有议会，实为法国官吏之鹰犬，协力以搏噬其人民者也。由是观之，即如请愿国会者之所期，其结果不出此三者。请愿诸人其果有乐于是乎？醉虚名而忘实祸，其罪实通于天也。立宪之不可望如此，以故革命诸人，以为欲达民主之目的，舍与政府死战之外，实无他法，此实革命党所久已决议者也。若夫避战争之祸，而求相安之法，则前此革命党人（下缺一二行）宪政体则民族主义与民权主义之目的，皆可以达，而战争之祸亦可以免，诚哉言也。或有虑此为不利于满人者，不知果不言立宪则已，如其立宪则无论为君主国体，为民主国体，皆不能不以国民平等为原则，谓民主国体为不利于满人者非笃论也。或有虑此为不利于君主者，然以较诸鼎革之际，其利害相去当如何，历史所明示，不待详言也。所谓愿汝生生世世勿在帝王家及所谓汝奈何生我家者，其言抑何惨也。设不亡于汉人，而亡于邻国，则法之待安南，与日本之待朝鲜，视去其国王如一敝屣，而其国王乃日鼻息以求活也。以较之日本德川幕府奉还大政身名俱东者，其相去何如乎？上之所言，于国内现象略陈之矣。至于国外之现象，其只使中国一亡而不可复存，一弱而不可复强者，尤令人惊心怵目，而不能一刻以安。国人于庚子以来，颇知敌国外患之足惧，至于今日反熟视，若无所骇，此真可为痛哭者也。夫中国自甲午战败以来，所以未至于瓜分者，非中国有可以自全之道，特各国平均势力之结果而已。庚子之役，俄国乘势进兵于东三省，久驻弗撤，实启瓜分之局。日本以均势之故，遂与之战。战役既终，而各国之形势为之一变，前此日英同盟与俄德法同盟相对抗，迫日俄战后，而有日俄协约，有日法协约，有英俄协约，所谓协约，质而言之，实协以谋中国而已。前此欲谋中国，而各国自顾其利害，势有不均，遂相冲突而出于战，今则鉴于战祸，而以协约为均势之不二法门，一旦各国势力平均，则保全瓜分惟其所愿，顾所以苟延至今者，以英法虑德为之便，而日本又虑美国之议其后也。比年以来，日美之冲突日以弥甚，数月前，且有日美开战之说，而日英美同盟之议嚣然大起，日本新闻从而论之曰：日美英同盟成立，则可以制支那老大帝国之死命。其谋我之亟有若是也。夫美富而日强，两国虽各怀敌意，终不敢遽如日俄之肇衅，则其彼此利害冲突之点，终必以协商定之。诚使英德法俄美日对于中国之均势政策略定，则自甲午以来中国所赖以苟安偷活者，至是已失其具，保全在人，分割在人，有为波兰之续而已。分割之惨，夫人而知之矣。抑亦知所谓保全者，其实祸无异于分割，国不能自立，而赖保全于人，已失其所以为国，人为刀俎，我为鱼肉，此所谓一亡而不可复存，一弱而不可复强者也。识者有忧于此，乃渴望清美同盟，夫同盟之目的，在于互相扶助也，故有两强国同盟者，而决无以强国与弱国同盟者，以强国而与弱国同盟，是必强者以同盟为饵，而钩此弱者也。前此之清俄之同盟，是其例矣。夫国不自强，万无可以与他强国同盟之理。而非于国家权力发动根本上有大变革，又无可以自强之理，爱国者可由此以知其故矣。今之谈国事者，不以此为忧，而顾以迩来中国与外国交际，其体面较优于前，遂怡然用以自慰。夫曩者中国所以不见礼于外国者，以其有贱外排外之思想，然虽如是，而俄人固尝以深情厚貌相亲，而因以攫大利矣。今中国人之思想，由贱外排外一转而为媚外，而各国之智孰不知俄，知中国之所重者，不在主权、不在土地人民，而惟在体面，遂亦兢以深情厚貌相结，以期外交上之圆滑，而中国之人遂以沾沾自喜，间有一二小小权利得侥幸争回，则尤大喜欲狂，而于外国之协以谋我，瞠乎若无所见，此真燕雀巢于屋梁，而不知大厦之将倾矣。此无他，由人人心目中以为今已预备立宪，凡内治外交诸问题皆可借以解决，醉其名而不务其实，如相饮以狂乐，猥日期以八年，迢迢八年之后，中国之情状其有不忍言者矣。由此言之，则中国之情势，非于根本上为解决必无振起之望，及今图之其犹未晚，斯则后死者之责矣。

（选自《我在故宫七十年》）

文殿试题目档

　　清代沿袭明代科举制度，读书人经过县一级考试，得中后名为秀才；省一级考试得中后，名为举人；各省举人，齐集京师参加会试，得中后，名为贡士，然后贡于朝，举行殿试，贡士在皇宫中应试，所以名殿试，其意即为皇帝亲自临轩策士，得中后，赐名进士，分为三级：一甲三人，赐进士及第；二甲若干人，赐进士出身；三甲若干人，赐同进士出身。

　　考清代殿试仪注，在康熙时缪彤著有《传胪记事》，近代人傅增湘著有《殿试考略》，商衍鎏著有《清代科举考试述略》。缪氏所著虽时间较早，似亦未见此档，至于傅、商二氏，所记均为同治、光绪两朝时事，更无由得窥清初之秘。此档为清代内阁大库旧档，时间是康熙四十五年，丙戌科事。一九三一年，在北京大学文科研究所国学门，整理清代历史档案时所得，及迻录全文，以供研究清代初年科举史仪注者参考：

　　康熙四十五年三月丙戌立

　　文殿试题目档

　　康熙四十五年三月十九日

　　钦点出卷官

　　大学士马、席、张、李

　　礼部侍郎王顼龄

　　兵部侍郎梅锏、曹鉴纶

　　詹事府詹事宋大业

　　内阁学士蔡升元、王云枢、杨瑄

　　俱至畅春苑庙内，拟定十题，不翻清只写汉字，学士王云枢写在白折子上，本日申时，满汉读卷官，俱穿便服，进畅春苑启奏，奏旨，钦定四题，钦此：读卷官大学士张、李等，将此题首尾编集成题，学士王云枢写在白折子上，一更时分，满汉大人齐集畅春苑东门，交与奏事傻子[1]等转奏，奉旨：好。将题捧回庙内，闲杂人等尽行逐出。点出，中书邹球用白榜纸誊完，学士黑寿、侍读华善、中书吴学颢，对读一次，贴在板上，典籍苏赫、庞铨，看刻完毕，用黄奏本纸刷印三百伍张，于二十日黎明，将刷成题目呈堂，用黄袱包好，典籍庞铨，送至午门，交付读韩奇、华善，由午门中门，一直至太和殿左侧所设黄案前，学士黑寿，接捧安置黄案，少顷复

────────────

① "傻子"为当时某内侍太监绰号。

捧起，授与礼部侍郎在檐下跪接，安置丹陛黄案上，行三跪九叩头礼，礼部官散题目试卷时，本衙门大人俱回衙门，受卷官将交过卷，随交随送，弥封官封过，交与收掌官韩奇、华善，卷面粘贴二寸宽、四寸长空签，将读卷官姓按次排写，送读卷官看阅，本日读卷官，即在会典馆看阅，阅完卷子，在空签上或加三圈，或二圈，或一圈，或一、二、三点。周流阅完，收堂收贮，二十一日拣阅一遍，二十二日复拣阅一遍，自拟一拟二拟三，至二百九十卷，写汉字签，大人亲看，留写红字处，照次序粘贴，将上等十卷，用绢袱包好，余卷各十卷作一包，用黄榜纸包好，包皮上写第一封几卷，第二封几卷字样，又外加封字，典籍备朱锭、笔墨、水壶各一件，盛黄匣内，同点出十卷，申时持捧随读卷官至乾清门，读卷官将拣选十卷，并请定二甲数目，绿头签一个，又请用宝，绿头签一个，入乾清宫启奏，余典籍苏赫，同点出中书邹球等，俱在乾清门伺候，少顷，钦定一甲一名、二名、三名自内批红发出，并余卷着读卷官等俱送入会典馆，照签将弥封拆开，学士蔡升元、王云枢、杨瑄，朱笔填写票签，中书法素，挨次唱名，满汉写榜官各填草榜、大小金榜、三传折子，一夜写成。二十三日黎明，皇上未升殿之先，执事官俱穿朝服，三传折子交与鸿胪寺官，大金榜用六尺宽长黄绢袱，小金榜用一尺五寸黄绫袱包好，中书邹球、许迎年恭捧随未点出学士拉都洋至乾清门，将小金榜交与奏事傻子等转奏，未经发出大金榜，学士拉，用宝完毕，黄袱包好，侍读韩奇恭捧随学士执事人，由保和殿后阶东边直出至太和殿左侧，安设黄案前，未派出学士拉都洋接捧安置黄案，执事官员由东陛下俱趋至读卷官处，候皇上升座，听鸣赞礼毕，未点出大学士陈，由太和殿东边进至黄案上，捧榜自中间东边隔扇出檐下，授与部大人跪接讫，鸿胪寺用三传折子传胪礼毕后，侍读学士韩奇、华善将文卷放在箱内，令供事捧至乾清门阶下伺候，皇上升殿，未及看，傻子传旨，将卷送至畅春苑，御览，即于二十三日，将殿试卷十本一包，用黄纸包好，至三十卷，用黄绢袱包裹，共二百九十本，典籍厅庞铨送至畅春苑，于二十四日午，交与奏事傻子等收讫。其殿试场所用桌椅、地席、应用物件礼部备办取用，殿试进士名数，并阅卷处所，及各仪注，礼部至期开送。

（选自《我在故宫七十年》）

五　其他

抢救山东曲阜孔府历史档案记

一九五六年六月间，我和同事李公接受文化部文物局委托的任务，到山东曲阜文管所协助清理文物、档案及查看古建筑等事。我们在六月十八日由北京出发，十九日到济南与省文化局联系，这时省文管处路大荒先生、博物馆李季陶先生、文化局鞠秘书及省建设厅董、崔二位工程师，已在前三日先往。我们在二十日由济转车南下，当日下午到兖州，过滋阳渡口到达曲阜。

曲阜是春秋时代孔子的家乡，在这里有孔庙、孔林、颜庙、周公庙等。都是著名的古迹。此外旧鲁城遗迹和鲁灵光殿遗址，也还一一可指，在阡陌纵横中，汉画像残石和瓦当等物随地可见。曲阜在我国历史文化区域中，是一个很重要的区域。孔子生在公元前六世纪，死后受到历代统治阶级的尊崇。从汉代以来，二千多年中，封建帝王改朝换代的事在历史书里记载得很清楚，孔子以一儒生的世家，却比历代帝王传世悠久，他并不由于改朝换代而有所变更，并且是愈来愈受到后代的尊崇，子孙也受到崇高的封爵。所以孔庙建筑十分壮丽，盘龙的石柱较历代帝王宫殿尤为雄伟，孔林有几千亩大的范围，松柏参天无人采伐，即死去千年的古树，也从来无人折其枯枝，若与历代帝王陵寝在易代之后，墓门荆棘，铜驼倒朴的结局相比，一代儒师，万世师表，真是骄傲千古了。

曲阜文物保管所是在孔子后裔世袭衍圣公府内，公府建筑富丽，紧邻孔庙，在这里收藏着历代衍圣公的文物。我们在到达的第二天，将府内所有库藏作了一次全面了解，文物中以衣冠、画像、家俱等物为最珍贵，都是四五百年来历史文物，它是明清故宫中所没有的东西。此外则是由明代以来衍圣公府的文书档案，在中国历史档案里；在中央政府系统与地方政府系统之外，它是一个特殊性系统，从现存的案卷来看，它还是很完整的。这些文物和档案，在以前没有得到妥善的整理与保管，这次我们按照文物局所提的初步意见与省、县文化部门同志交换了意见，作了初步抢救工作，并拟定了今后整理和保管的办法。关于文物和档案的详况，拟分为两部分写出报告材料，下面所汇报的是关于档案部分。

一　衍圣公府的组织

孔子后裔在汉魏之际，即享有封号，有褒圣、褒成、宗圣等名，晋宋之间又称奉圣，到了后魏称崇圣，北齐时代称恭圣，在封号下或称君、称侯、称公、称大夫，各代不同。到了唐代开元年间，追谥孔子为文宣王，始以其后裔为文宣公，宋至和间改孔子后裔为衍圣公。后来一度改奉圣公，崇宁间复改称衍圣，元泰定年在衍圣公府内，设司乐、管勾、典籍等官。明洪武初以衍圣公官陛列文官之首，在府内设管勾一员，管理五屯钱粮，司乐一员，管理乐章乐舞，典籍一员，管理祀和书籍。掌书一名，管理文移（文书）；书写一名，管理缮写；知印一名，管理用印；奏差一名，管理差遣各事。这些官职都是由衍圣公保举列入国家职官编制里。到了清代也设有司乐、典籍、屯田、管勾、林庙守卫百户、知印、奏差、随朝伴官等职，因此衍圣公府不是一般的世袭公爵住宅，而是一个衙属的组织，所以在府中有大量的文书档案。辛亥革命后，尤其是国民党反动统治时期，对于旧历史档案，除去收藏在故宫中内阁大库、军机处、内务府的档案处，旧中央政府和地方政府的大都散佚销毁。曲阜衍圣公的封建特权，历封建王朝时代、北洋军阀政府时代，及国民政府时代，一贯保持未变，北伐后虽将衍圣公改称奉祀官，但本质内容仍旧，因此它保存了由明代以迄民国的长时期的档案。

二 档案基本情况

在衍圣公府三堂的前院是旧日典籍房，档案库就在西配房里。在靠墙的地方，有下丰上锐的黑漆大柜，是档案柜，从制作形式和黑漆断纹来看，还是属于明代的制作，陈年旧卷，在柜橱后也堆积成山，库藏情景仿佛三十年前我们初次进入清宫内阁大库一样，柜架的腿子被压陷在地下寸许，这样大约也是一二百年前的原状了，在内宅后堂楼上堆积了大批的地契存根，楼下还有大席包盛装的档案，这是后来移存在这里的。我们按柜橱的顺序进行清理；首先除尘，折叠包扎，根据"原包原捆""称不离砣"的原则，清理集中，一张包皮也不遗弃，不使一张文件挪移失群。有些在几十年前就霉烂成了砖块的，另放一处，俟有妥善办法时，再进行揭开整理。这样的工作了四天，并随时分类，然后在新选择的后堂佛楼下新档案房排好柜橱，分类庋藏，完成初步整理。

三　孔府的档案

　　对于研究封建社会制度是一种极珍贵的资料，比中央历史档案馆所收藏的档案，更是具体的基层性的材料。在这次清理中，知道它原来分为八大类，用天、地、元、黄、宇、宙、洪、荒八个字编号。内容是：衍圣公的职掌主要是奉祀；孔庙南北长六百三十余米，东西一百四五十米，建筑数千间；孔林的范围有三千多亩，设有百户管理；此外，还有颜庙、周公庙，以及各处的孔庙和书院；关于祭祀、乐器、修缮、林木等，是属于天字号。衍圣公拥有两千多顷祭田，分布南北各省，由佃户承种，收入满归孔府，不纳税，不出徭役，是衍圣公的主要经济来源，档案数量也多，这种档案编为地字号。历代衍圣公袭爵的事，孔氏三个世袭博士和其他"圣贤"后裔东野氏、颜氏、曾氏等二十家世袭博士的承袭事件，以及历朝尊孔的典例……编为元字号。衍圣公属员事件，属员佃户诉讼事件，编为黄字号。关于各家世袭博士杂项事件，及各处"学堂岗"事件，编为宇字号。孔府的经济来源除祭田外，还有集市收税的特权，和孔府经营的买卖，这类文件，编为宙字号。关于京都的大事，如皇帝登极、王朝的喜庆事项、颁布的"誊黄"等，和各省的大事记载文件、杂件，编为洪字号。（现存档案以洪字号为最多，内容最复杂）孔府历年修族谱，及孔氏族人属员、佃户免徭役事件，编为荒字号。在清理工作中发现了一九二二年孔府清查档案时几本不完全的册子，它的分类编号与我们实际看到的各字号的档案相合，因此知道孔府档案还是很完整的。原册简单号签是这样：

　　天字：孔林、孔庙。

　　地字：祭祀、田地。

元字：衍圣公及世袭博士承袭、官俸、历朝尊圣典例。

黄字：属员。

宇字：世袭博士、学堂岗案。

宙字：集市、收税。

洪字：杂卷。

荒字：修谱、差徭。

在几天短短的时间，没有来得及逐卷检视，只是作了大体分类的认识，其中珍贵的文件不能列举，兹将所见到介绍于下，以见一斑：

明万历十九年佃户补级档案

天启五年给庄头批文

崇祯四年佃户诉状、传票

清顺治年间地亩档案

康熙三十五年老家人册，康熙幸鲁盛典

雍正八年修建孔庙册

雍正年间年羹尧的写本从祀参考

雍正九年钦赐府第房租赤历

乾隆南巡专案

乾隆朝至光绪的历朝"誊黄"

乾隆至道光时代历朝衍圣公与文武大臣的结拜兰谱、联姻婚书与各省抚督巡抚的咨文。

以上所举出来的是几十万件中的零金碎玉，不能说明全貌。此外在这次清理中有一部分信劄，大都是民国以来的东西，我们遂在八类外，信劄也作为一类。

四 档案遭劫的经历

在我国档案史里，曾经有过这样的故事：在一九二一年间，北洋军阀政府教育部为了筹措经费，将清宣统年间由于修理内阁大库库房而移存在午门的清代内阁大库档案出卖给纸商作还魂纸的原料，一共装了八千麻袋，后来被一位玩古董的名士又由纸商手里买回来，在辗转中损失了不少。这是我国档案史中一件痛心的事。曲阜孔府档案，也有同样的经历，在曲阜将解放的前夕，孔府族人曾偷走大批档案，运至滋阳渡口被人截回，以后旧孔府属员又偷卖了一千多斤，第二次又准备偷运，被人发现未能运走，这些劫余就装了二十席包，这批席包在这次清理中使之分类归档了。在反动政权时代，写中国档案史时，八千麻袋与二十席包应并列在历史档案遭劫的一章里。

五 孔府管档老人

在我们到曲阜的第一天，听说原来管理档案的老人，还有一位存在，我们请文管所王所长进行访问，第二天即在北关外访到这位老人，名叫孔昭培，他是孔子七十一代的孙子，比最后一代衍圣公孔德成长六辈（孔德成是七十七代），在清光绪末年进孔府作典籍官，今年七十三岁了。典籍是孔府的属员，若是孔氏族人任职，必须改姓，所以这位老人就改姓刘。又因为七十二代衍圣公名叫孔宪培，老人为了避讳，又将他的名字昭培改为昭丕。原来的孔昭培，一改再改，就成了刘昭丕了。我们约他一起清理档案，他是感慨万分，提起偷卖档案的事，更是愤慨异常，在清理工作中，老人爱护档案的心情，随时都可看出来，因为他与这些故纸陈编，打了一辈子交道了，二次进府如逢故人一般，老人感情的激动，是很自然的事。据老人谈：在光绪时管理档案的人那时是二十多名，一九一九年进行过一次清查，但非全部，老黑漆柜上的是从来没有动过的陈年旧卷。这次彻底清理，使老人感到无限的兴奋。

六　工作中的体会和收获

历史档案是反映历史的真实材料，孔府档案更是基层具体的材料，在这些档案中，反映出：

（一）封建社会制度，尤其是孔府的特殊制度。

（二）孔府约三万亩的祭田生产情况及佃户组织。

（三）孔府祭田区域内，雨水、河流的历史情况。

（四）历代衍圣公大地主的生活情况。

（五）孔庙孔林等建筑历史。

这些资料不仅能够帮助研究历史，关于雨水河流建筑等也是今天祖国建设中的重要参考资料。我们对于这一家一姓的历史档案，应当重视它，利用它。我们还体会出这些重要文献材料，如果不作这次抢救工作，一二年后，它的后果，将是一堆泥块和纸灰，那真是不可补偿的损失了。这次文物局布置的紧急措施，是及时的，正确的。在我们一周工作之后，为了提高管理人员的普遍重视，举行一次座谈会，曲阜县县长、文化科长、保管所长及各工作同志均参加，一致认识到：通过这次工作，由不重视到重视，王县长并作总结性发言，保证今后将慎重保管。这是一个最大的收获。

七　建议

一周来的工作，仅是作了初步抢救，使重要的档案不再继续损失毁灭。其次是普遍地提高了保管同志的认识。但档案的整理和保管是长期的细致工作，若使历史档案在祖国建设中起作用，那更需要有组织地有计划地进行整理，因此我建议有关部门抓紧这个工作，为了更清楚孔府档案内容和过去旧档保管各情况，以及培养新的管档干部，那位孔昭培老人是应当留在文管所工作，使之继续进行整理和带徒弟，这也是很必要的事。

一九五六年七月四日。

附　孔府典籍官孔昭培给单士元的信

单先生赐鉴，自违教益转瞬经年，每忆芝光辄深向往。近维公私顺利，福躬迪古，仰詹山斗，式符臆颂。兹有恳者，去岁夏阅，车驾莅曲。关于孔府档案，拟在即须清理，斯时文管所无人负责，当由该所领导介绍昭培担任是责，当以档案在过去时间，经管有年，少有经验，故未便推诿，遂面见尊驾，陈述该案旧时规程，分天、地、元、黄、宇、宙、洪、荒八号。清理，并将各号内事件，均有区别，略为报告，经报之后，即奉命按照所陈，着即进行整顿，以期早日恢复旧观。谁知解放后乏人保管，视档案如故纸，勿论何地任意抛弃，以致紊乱不堪，且损坏极多，似此清理方面，将来颇费时期，又缘尊驾急于遄返，未俟门类分明，即行就道，惟白承走后逾时无几，文管所王主任即着停止，是以该档案，迨至今日，置之高阁，昭培本一士民，曷敢妄为提议。奈前在孔府服务四十余年，对此档案，经心管理有三十年之久，其中事情了解颇多，故对档案经管之苦心，实不忍于埋没。际此国家提高士民有擅长之处，准其登报声明，今既有此时机，拟欲将所能，登诸报端，以供阅览。第恐有不合，未敢遽办。昨闻文化部陈处长来屈尊下顾。询及孔子林庙及孔府事务并档案各情况，昭培当将所知，略为叙述，复想尊驾在曲，待遇昭培非常高厚，每一念及，愧无报酬，兹幸逢此机缘，特修芜函问候起居，并将档案各号事件，缮单呈上，祈公余之暇烦为一阅。该档案是否报纸可以登载，如有可能，即祈代登，且如有错点，务求改削，倘蒙俞允，无任衔感，肃此敬颂公绥，并祈赐复。附说明档案各号事件一纸，陈处长前祈叱名问候不另。

士民孔昭培谨上

一九五七年五月八日

此件寄来，由于当日社会上刊物甚少，而对这类历史资料亦不予发刊，尘封箧中三十多年矣，昭培老人早归道山，兹附刊于此，以纪念老人。

一九九二年六月识

山东省曲阜县城区，北关镇五街士民孔昭培，在过去保管衍圣公府数百年之档案，用将所知尽情叙述，以供阅览。

档案的说明：

档案有区别，共有天、地、元、黄、宇、宙、洪、荒八个号头，俾妥善保管，取用方便。

天字号：属孔子林庙，该林庙建修，以及庙内陈设之礼乐器，皆由国家出款办理。

国家尊崇孔子，每年祭祀四次，其祭祀时期，在二月、五月、八月、十一月。每月初十日以前，遇丁日即祭，俗称为丁祭，又名大丁，所需祭品，有牛、羊、猪等牲畜，并有鲜鱼，各种的果菜，及香帛烛酒各祭品，其所需款，概由祀田收入项下开支，祀田由何而来，在下列地字号内说明。

国家祭祀孔子，由衍圣公主祭，陪祭者有孔氏族人四十人，名为四十员，又名为执事官，且品级有分别，有三品者、四品者、五品者、六品者、七品者、八品者、九品者，至执事官品级人位之不等，在下列黄字号说明。

外有典祭者，百户官、管勾官、司乐官、典籍官、提调官。

百户官管祭烛祭酒；管勾官管香帛、干果、青菜、鲜鱼、牛羊猪各祭品，并总管矩野屯祀民；司乐官管乐舞生，共一百六十名，内分吹部、击部、弹部、歌部、舞部，在祭祀前一日来庙服务；典籍官管礼生，共一百一十名，内分引赞、鸣赞、起乐各职务，在祭祀前三日来庙服务。其他大丁后十日之中，丁名为家祭，系衍圣公私人之祭，该祭地点在庙内大成殿东北，并有尼山书院、洙泗书院、中庸书院。清明、十月一日、林祭各祭日该礼生均去服务，朔望日，衍圣公赴庙行香，礼生亦来赞礼。

提调官四员，在祭祀时间管催各部者，具役报告主祭官上殿行礼。

这是历代国家尊崇孔子、祭祀事宜，至民国成立，荣典、祀典悉仍其旧。

地字号：属祀田，该祀田由历代国家继续令曲阜附近各县民田内拨给。总计两千大顷，以备祭祀孔子，由祀田收入项下购办祭品。

祀田坐落地点：东河（该县祀田庄名东河屯纳银子）、东平县（祀田庄名东半厂纳银子，多年未纳）、郓城县〔祀田庄名郓城（屯厂）纳银子〕、钜野县〔祀田庄名钜野（屯厂）纳银子〕、菏泽县（祀田庄名年阳厂纳银子）、鱼台县（祀田庄名独山屯纳银子）、济宁县〔祀田庄名黄土岗（该处多年归湖田局经管）〕、邹县〔祀田庄名（鲁庄，尼山柜）纳银子〕、滋阳县〔祀田庄名（滋阳厂洗河屯）纳银子〕、汶上县

（祀田庄名泗汶庄纳银子）、泗水县〔祀田庄名黄新庄纳银子（多年未纳）、（大戈山小戈山）厂纳银子、西岩庄纳粮食、（安宁庄、魏庄）纳银子〕、曲阜县〔祀田庄名（春亭庄、下庄、张羊庄、红庙庄、下地屯、齐王坡、安基庄、马单坡、南池、齐王庄、颜孟庄）以上十一庄纳粮食，坊上庄纳黄米，大薛庄纳麦子，上下庄管村纳黄米〕。

外省江苏铜山县、沛县、雨县祀田租价由徐州道代，收到时派人前往领取该租价，至民国初年停止不发。

关于坐落各县祀田，因久未清理，迷失很多，在未解放以前，约计现有祀田不过一千大顷，且又有多处每年应交祀银抗不完纳，是以所有祀田内，每年收入食粮和租银仅够林庙各书院祭费及孔府用人一切开支，决不敢少有浪费，用特经过叙述祀田案列此完结。

元字号：系历代衍圣公承袭案。

衍圣公封号，自宋朝向由孔子嫡裔接袭是职。自宋高宗南渡，衍圣公随驾前往久未回籍，曲阜林庙主祭乏人，即经国家着二支承袭衍圣公以便奉祀，而长支在浙江衢县遂家焉，名为南宗，五经博上二支承袭后，历经元、明、清三朝，其衍圣公名义仍旧，迨至民国二十四年，由国家改为大成至圣先师奉祀官，着将前朝颁发旧银印缴于中央政府，另发给新银印，随时应用，有承袭案可查。

黄字号：系属员，案该属员，均由国家设立，
着衍圣公拣选。

属员之内有林庙，孔氏陪祭，执事官四十员，其品级等项人位计三品者二员，四品者四员，五品者六员，七品者八员，八品者、九品者皆

十员。有六品官一员，不在四十员之列，该六品官系曲阜县世职知县。因该县外姓人及孔姓人，双方遇有词讼而该知县往往徇情护庇孔姓族人，使外姓人受累情事，后经国家查知将孔氏世职知县取销，改为六品官。以上各员每年由国家各发给俸银六十两，在夏历五月间衍圣公派人赴山东巡抚衙门请领，至民国成立该项俸银停止不发。

外有启事官二员，一名（金熊诗礼）当启事知印官一员，掌书官一员，书写官一员，斋奏官一员，随朝伴官六员，以上各员均随衍圣公办事，东河屯屯官一员（管该屯祖银），郓城屯屯官一员，同上。

钜野屯屯官一员，同上；洗河屯屯官一员，同上；独山屯屯官一员，同上。其百户官、管勾官、司乐官、典籍官该四员所管事务，已于天字号林庙祭祀案内说明，属员案到此终结。

宇字号：各翰博案。

翰博是先贤先儒后裔，先贤是孔子弟子，先儒是历代文学家，因能总续孔子的学说，为有功于圣教，国家遂提高他们的地位，着是后裔为世袭翰林院五经博士之职，概归衍圣公统属。遇有该翰病故开缺时期，其后裔必须报由衍圣公转请国家袭世职，即有其他事故不能自行解决者，亦须请由衍圣公主张处理，各翰博均有国家发给祀田。自民国成立，荣典、祀典依然仍旧，惟翰博名称，悉改为奉祀官，翰博案完结。

宙字号：祀田各屯庄厂小甲，经祀案，祀田庄名、厂名，已在地字号祀田案内说明，不再重复。

祀田所在地，或名为某庄、某厂或租银、租粮均有小甲负责（小甲即庄头）催办，且庄厂之内亦设有集市，便利交易，有集头负责经理

（集头即经纪）。设集地址有郓城屯、钜野屯、东河屯、曲阜厂、群厂五处集市，其小甲经纪皆由衍圣公分派，这是小甲经纪案的说明。

洪字号：系杂案。

杂案中的事情很复杂，关于上述各号档案，并无牵连，如各省长官知会到任，或国家对于政治颁发新定章程或新立学校专函知会校内手续，此项文件，皆可在杂案之列。惟各处所来文件，宜入杂案者，在民国十一年清理时间有数千号之多，碍难尽述，特举数端，说明杂案中的事件。

荒字号：孔氏修谱案。

孔氏之有家谱，犹国家之有史，在宋朝以前悉为钞册，至元丰八年始有印本，嗣后代有续修印发族中存储。三十年一小修，六十年一大修，历续至今，昭昭可考。且孔氏人丁繁衍，初分二十派，后则分为六十户，其户各有大宗户，衍圣公为大宗户，有文献户、临沂户、沂北户、孔户、官庄户、林前户、林西户，特略举数户，不再尽述。并有前朝议定行辈曰希、讷、公、彦、承、洪、闻、贞、尚、衍、兴、毓、传、总、广、昭、宪、发、繁、祥、令、德、淮、纯、佑、钦、绍、念、显、杨三十字。民国时代又有议定行辈二十字，曰建、道、敦、安、定、懋、修、肇、彝、常、裕、文、焕、景、瑞、永、锡、世、绪、昌，俾孔氏遵守，以利称谓。该行辈皆由国家发给，是历代国家不惟嘱对孔子尊崇之处达于极点，而且待遇其嫡裔衍圣公以及孔氏人等至优，且兹将以上八号档案，所有了解者逐一说明，以告结束。

（选自《我在故宫七十年》）

中国档案史讲义提纲

商　周

从考古上所得的材料证明，我国档案史已有三千多年了。这是在二十世纪三十年代在河南安阳小屯地方发现了公元前一六〇〇年——一〇〇年时代的殷墟甲骨。自从甲骨发见后，不仅使中国文字比过去所知道的时间延长近千年，而甲骨上所刻的字都是殷商时代，记录当时雨、渔、猎、祭、祀、奴隶各事。殷商是奴隶社会，有一套奴隶社会制度，阶级压迫十分残酷。它把当日生活、政治、经济情况，对待奴隶使用、杀害时情况，刻在龟背板上或兽骨上，以窖藏的方式保存起来。在发见的版片上还能看到，它是经整理编排手续才窖藏起来的。据一九三一年安阳小屯发掘报告记载，有数片甲骨粘连在一起，在龟版尾右甲中有孔，用韦穿编，且有"册六"的记载字样。后来又将"册六释"为"册入"，并确定册入为当日史官的名。它的形象见图一。从册六来解释是编排的意思，从册入讲则释为史官。不管哪个解释是肯定的，但龟版出土实际情况是经过整理，把它叠落在一起的。按册字在甲骨文上还有 ⊞ ⊞ ⊞ ⊞ 的样式，是属于象形的文字，在金文中还有作 ⊞ ⊞，后来逐渐简化便写作"册"了。在以前解释册字曾指为象竹简或木简象形字，根据甲骨出现，较早的象形应是多片龟板样子。

另外还有刻成"编六（入）"的版片（见图二），读作编，它的左旁 ⴺ 是人的象形、ℓ 是皮韦的象形。从专家们这些研究结论看，甲骨是经过编排而储藏起来的。又郭沫若《古代铭刻汇缋编》，甲骨文中有 ⴺ 是 ⴺ 包之古文，象有所包裹而加以缄漆的形，小篆作 ⴺ 即从此而出。知 ⴺ 为 ⴺ，则刻辞中之若干 ⴺ，即言卜骨之包裹……根据这个研究，甲骨是古代奴隶社会留下来的，和后来的历史档案一样。再据史字之由来中"⊞"，其上为册，其下为手，即以手持册之形。江永《周礼疑义举要·秋官》中写道："凡官府簿书谓之中。故诸官言治中、受中。小司寇断庶民讼狱之中，皆谓簿书，犹今案卷也"。此中字之本义。故掌文书者谓之史，其字从又、从中。又者，右手以手持简书也。史字、事字皆有中字。

商代是在氏族组织崩溃后进入阶级社会——奴隶社会。生产上起了大变化，人和自然的斗争一天比一天复杂，人和人的关系也日益分化。到了盘庚时代，定居在殷地，已不像早期经常迁都了。在殷地定居后，为了田猎，为了禾黍，为了雨，为了战争，为了奴隶，用占卜方式，将这些事刻在龟版上记录下来，在储藏库保存着。

掌管这个工作的人，是占卜的官，在甲骨上尝有占卜人自刻的名

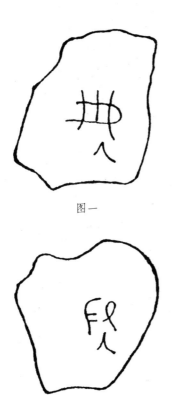

图一

图二

字。估计在当日，占卜的人也就是存档的人，因为在占卜之后，还要检验应验与否，而记其结果。如《殷契粹编》中著录卜雨的甲骨第十六片有"又雨又大雨"的铭文，第二一六片"乙亥卜又祖戊伐，癸巳卜其雨"，第四六七片"丁丑卜其鑿吉不雨。畐癸未雨，畐乙雨"。所举这三片刻辞，有占卜应验的也有不应验的。这自然还是原占卜人的检验结果。最后即作为档案存储起来。存储的过程虽不详细，根据《周礼》记载，在周代奴隶社会的占卜过程是："周礼，占人，凡卜筮既事，则系币以比其命，岁终则计其占中与否。"杜子注："系币者以帛书其占系之龟也。"郑玄谓："既卜筮，史必书其龟及兆于策，系其礼神之币而合藏焉。"这是儒家传下来的周代奴隶社会占卜收存过程。周晚于殷商，在占卜上对殷制当然有所继承，必然也有所改变。通过《周礼》所记可知商周时代存储档案的制度都已具备了。关于殷商时代卜人和史官的关系，卜人和史官是否是一职还是二职，殷商是否已有汉唐以后的史官之职，在《殷墟卜辞综述》第三节《史官》中有尹、多尹、乍册、（西周中期有乍册内史、内史尹、乍命内史）才南土、告史（卜辞甲二九〇二武丁卜辞）、北史（卜辞二六四〇〇）、卿史（前四、二一七廪丁卜辞）、御史（珠一一四武丁卜辞）。根据这几片卜辞，是殷商时代已有史官。在《吕氏春秋·先识篇》称："殷内史向挚，见纣王之愈乱，迷惑也，于是载其国法出亡之国。"载其国法出亡之国，就是说将档案拿走了。殷商时的册就是后世的史，如章太炎《文史解说》"用从卜中，中字作册，乃纯象卌形，而后世的篆文史字，史上部为册，下部象手，以手承册即为史"。这是史官之由来，也是史册渊源于龟甲，从而可以说殷代的史官即管史册之官。封建社会，太史令的职掌包括星历、祭祀、瑞应、灾异各事，同时也管理册籍。汉太史司马迁《报任安书》曾说："仆之先人，文史、星历近乎卜祝之间。"司马迁的自白说明汉以前的卜祝的事，也就是后来史官之职的事。我们可以这样推断：殷墟甲骨是由卜人用类似后世存档的方式编排存储起来的。《中国历史纲要》在第一章《殷商时代历史》说道："优秀的富于创造性和辛勤劳动习惯的殷人，对于中国历史的发展曾起了很大作用。"我们在档案史的角度说，甲骨的留存在我国档案史是应列为第一章。

在商代文字的铭刻，除甲骨之外，还有比殷商时期早的，刻在青铜器上，内容也是历史的记录，起着历史档案的作用，但青铜器铭刻，是纪念性物品，存在宗庙里，今天可以利用它为研究古史的资料，但不能称之为档案。因为它的保存下来，不像甲骨具有档案储存程序的东西。

殷商时代是由畜牧发展到农业经济的奴隶社会。在这时已有机关官职的组织，重要的政治和生活记录有专人掌管，卜人即担任此项任务而兼有像后世史官、档案官的职务，是卜、史、档三职合为一体的时代。甲骨铭刻内容是三千多年前产业记录，社会生活记录，奴隶主对奴隶的阶级压迫的记录。郭沫若在《甲骨文字研究》前八卷十二叶六片，记用俘虏为牲的事："甲寅卜贞三，卜三用血三羊曹伐廿，鬼出，戾二口于妣庚。"又后篇最后一片杀奴隶的记载："殷人无民字，卜辞中记杀人之事，有一次至二片以上者，文曰：'八日辛亥允戈伐人二千六百五十六人'。"在儒家留下的书经里，也有着记录杀奴隶和奴隶起来反抗的事，如《尚书》就有这样的记载。

西周代替了殷商，在农业生产上较前进步了。由于殷商的族人作了周朝的奴隶，都在周朝人的组织下参加农业生产，这样使增加更多的劳动力。旧的生产技术和工具也有提高，耜的使用出现了，从经济发展基础上使社会向前推进，奴隶社会的政治机构、组织随之复杂严密。在西周初年为了加强奴隶主的统治势力，实行分封子侄、姻亲到各地为诸侯国，王室为宗主国制定了一套完整的政治机构。这时已是由奴隶社会逐渐变革到封建社会的前期的阶段。相传为西周周公旦所著的《周礼》，周王室的政治机构有六部：天官冢宰、地官司徒、春官宗伯、夏官司马、秋官司寇、冬官司空。

六卿是全国政务最高的负责者，天官冢宰又为六卿之首，各卿各有属官，分理职官内事。由于政治分工极细，文书档案的工作也具有一套规程。如：

天官冢宰的治官之职

宰夫掌官府之征令，辨其八职：……五曰府，掌官契以治藏；六曰史，掌官书以赞治。府六人，掌文书以及器物；史十二人，掌文书起草。司会是中大夫，它的职掌是"掌邦之六典、八法、八则之贰以逆邦国，都鄙官府之治……掌国之野、县、郡之百物财用。凡在书契版图者之贰，以逆群吏之治，而听其会计，以参考日成，以月要考月成，以岁会，会考岁成"。

司会的职官是掌全国财经的官。它要根据书（簿书）、契（统计书）、版（户籍册）、图（农田图），考核十分严密，有日检、月检和岁检的制度。司会是总稽核报，据下一级汇报的材料进行会计。它的助手有职岁一官，职岁的任务是："司会以式法赞逆会。"《周礼注疏》

说："助司会勾考群吏之计"，意思是协助司会的会计工作。在职岁任务中还有："掌邦之赋书以贰官府，都鄙之财，出赐之数，以待会计而考之。"《注疏》说："以贰者，即书写副本编而存之。"所谓编而存之是如后世的公文，一份上报，一份存档。司会的下级还有职内一官，职内的任务是管财务种类簿书，受其贰会而书之，即书写二本各类簿书。至于存档之官则有司书，司书职掌为"掌邦之六典……凡邦治考焉"。司书是为邦治考核收受有关邦六典的文书，受财币之簿书。根据《周礼》所记，所有文书都写成两份，一份上报，一份存档。司书是将上报之件存起来为了邦治考核时检查之用。因此司书是周代天官冢宰治官下的财经档案之官。

此外还有内宰一官，它管宫内政务，如奄寺之属以及贵族名册。宫中女官的档册亦由内宰管理。这如后世内府，如清代的内务府和敬事房的关系。

地官司徒治官之职

司徒教官是管理全国土地、人口之事。它所掌管的档案主要是舆图和户籍簿。《周礼》"大司徒之职掌建邦之土地，之图舆，其人民之数以佐邦国。岁终则教官正治而致事"。《注疏》说："图是郡国与地图，岁终令教官正治而致事，是据其文书而致事，上其计簿"。三年还要经过小司徒清理校核一次。注：这是中央关于土地人口的档案。其关于地方的有：

乡：岁终造具文书。

党：（王公家）造具人事材料。

土训：掌农作物材料。

春官宗伯之职

春官为典礼之官，其下属有：

冢人：掌王的陵寝图。

大胥：贵族子弟人才档案。

占人：卜龟存档。

小祝：贵族铭传。

诅祝：祭神祝词。

太史：掌建邦之六典以迎邦国之治，掌法以逆官府之治，掌则以逆都鄙之治。《注疏》说：“六典、八法、八则，冢宰所建，太史又建以为逆受其治。又称太史为日官，即后世之起居注官。所称六典为冢宰所掌，太史又掌以为王治。”这是太史为王室管档之官，别于六卿之档。太史所藏者为六卿档案之全部，所以《周礼》又说：“凡邦国都鄙及万民之有约剂者藏焉以贰六官之所登。”《注疏》说：“太史藏约剂要盟的文书及券、又约副本，是六官所上于登太史者。”这种意义上是王室的档案库，正如后世太史、翰林院所掌之事。张苍、老聃为秦朝柱下史，正是档案之职。

内史：“掌书王命遂贰之”，是收藏王命的副本。

外史：“掌书外令；掌四方之志；掌三皇五帝之书；掌达书名于四方。”

外史所掌：（一）为下给地方之命令。（二）为地方诸侯的文书，如鲁《春秋》、晋《乘》、楚《梼杌》之类。（三）《三坟·五典》远古的记载。（四）《尧典》，《禹贡》。外史亦为周王室收藏档案的机关。

御史：“掌邦国都鄙及万民之治令，以赞冢宰。凡治者受法令，掌赞书。”御史职掌赞冢宰之事，又掌王室之书。

夏官司马

大司马："大役与虑事属其植，受其要以待考而赏"。受其要即受其文书，大役是修城的事。

小司马："邦国之地与天下之涂数皆书而藏之"。书地是山川形势图书。涂是地理远近图，皆藏于小司马。

司士："掌群臣之版，治其政令，岁登下其损益之数，辨其年岁与其贵贱。"所谓掌群臣之版，是职别考绩的文书，类清代京察大计的文书。

职方士："掌天下之图以掌天下之地，辨其邦国都鄙，四夷、八蛮、七闽、九貉、五戎、六狄之人民与其财用、九叙、六畜之数，要知其利害。"职方士如明清兵部职方司，管理全国疆土形势图。

秋官司寇

士师："凡以财狱讼者正之，以传别约剂。"这是司法机关存储契约档案。

乡士："掌国中辨其狱讼，异其死刑之罪而要之，问而职听于朝。"这是关于刑事的诉讼案件辩异其不同情节的文书。要之是状词和供词。

朝士："掌建邦外朝之法……凡有责者，有判书以治则听。"这是词讼的判词。

司约："掌邦国及万民之约剂，治神之约为上、治器之约次之。"这是契约和纪念词，刻于尊、彝、盘、壶之上而藏于宗庙。

司盟："掌盟载之法，凡邦国有疑会同，则掌其盟约之载及其礼仪，北面诏明神，既盟，例贰之。"《注疏》说载是盟词于策。这种盟词要写副本给王室的天府收藏，并分写副本送给太史、司会六官收藏，送天府。太史是存档，送六府等是备检查执行的依据。

布宪：掌公布法令。

《周礼》这书不一定为奴隶主周公旦所著，可能是战国或更晚到汉时人所追述。而这种政治组织、文书、档案的规章，两千多年的封建王朝多循此制。直到封建王朝的末代，政治机关、组织及文书制度均可上溯到周礼。从阶级社会以来，三千多年来，奴隶主、封建主对于人民的经济剥削和政治压迫机构组织都是从商周时代继续而来。

秦（六国）

《史记·张苍传》：苍在秦时为御史，主柱下方书。方书为四方文书，其内容是天下之图书、计簿。刘邦灭秦进入咸阳后，其谋士萧何首先注意收集者，就是这些有关土地、人民、钱赋、财计之属的档案文书。在秦嬴统一天下后，即命丞相议帝号，称皇帝。秦统一天下，政治组织不循旧规，政治文书亦多革新，当日丞相等议皇帝命为制、令为诏。《集解》蔡邕解释说：制书，帝者制度之命也。其文曰制诏、诏书、诏告。《正义》：制诏三代无之，秦始有之，其后去秦著皇，采上古称号曰皇帝。秦始皇最后灭齐国，兼并天下，成为统一的国家，采取种种措施以巩固中央集权的统一局面，防止六国贵族阴谋复辟使历史车轮倒退，从而使天下一统国家再现分裂局面，因而求诸侯史记焚之，以灭其历史记载，这就是秦始皇焚书的目的。解放后在湖北云梦县秦墓中，出土竹简，其中有秦始皇二十年，南郡守腾的竹简十四支。这个文书反映秦始皇新兴地主阶级夺取政权后，对奴隶主实行专政的历史经验和整个阶级斗争的历史。

　　从档案史来讲，在西周奴隶社会已设有官职。在春秋诸侯国时代，各国各有史记。战国之际，七霸争雄，亦皆有专职。《七国考》引《史记》：在秦献公十年初，为户籍相伍。《秦琐征》引《史记》：秦昭王召王稽为河东守，三年岁不上计为天下户籍财富之书（大约为明清之黄册鱼鳞簿之类）。《十国考·吕氏春秋》：楚荆王发平府而祝故记。《章句》云：平府，藏书之室。所谓故记是后世掌故之书。关丁谱牒，《楚国三姓谱属》引《离骚注》云："楚三闾之职，掌王族三姓，曰昭、屈、景。屈原序，其谱属率其贤良以励国士。盖楚宫多用同姓，故谱属最重要也。"这就是古代所谓谱牒之学。奴隶主、封建主，历世子孙，均借此所谓贵族世家，代代骑在劳动人民的头上，《左传》载有王子朝以典籍奔楚，这是楚得典籍之书的记载。《困学纪闻》曰："周之大室，《河图》、《大训》列焉。《易象》在鲁，《三坟·五典》在楚，周不能有室矣。然而老聃之礼，苌宏之乐，文献犹存。及王子朝之奔楚，于是观射父、倚相，皆训古训，以华其国，以得典籍故也。"这些记载均为反映那时奴隶主复辟的记录。楚史名《梼杌》见于"孟子"书中。《秦琐征》引《列国记闻》云："楚史曰梼杌，亦曰书、曰志、曰记。梼杌，兽名，或曰木也。《湘东纪闻》云：梼杌之兽，能逆知未来，故人掩捕辄逃匿，史以示往知来，故名梼杌。秦昭王时，地方守每岁要上计书，《史记》秦昭王召稽为河东守，三岁岁不上计，计有财赋有人口。《魏琐征·韩子》西门豹为邺令郡，期年上计新序，魏文侯东阳上计钱布十倍上计者，其计簿。关于计簿之官战国各诸侯均设此职。田齐靖郭君谓齐王曰：五官之计，不可不日听也而数览。（见《国策》）鲍昭曰《曲礼》司徒、司马、司空、司士、司寇、典司五众，计其事之凡也。按：计，曾子问诸侯出命国家，五官而后行。高曰：五官齐之计簿书者，或作五大夫，非也。按：楚亦有五官。

　　以上所引文献可以知道，自古以来从奴隶社会到封建社会对其统治范围都要计其财富，统计其人口，以供赋役之资。到了战国时期，百家争鸣，法家出现。财富之计，生产扩大领域，如法家管仲，在齐：重盐铁鱼盐，社会更向前推进。降及后世，此类计书已为经国之要。如封建末期，封建王朝有鱼鳞册、黄册，内容为全国的丁和赋，即土地、人口、经济。古代计簿来自地方官，如秦昭王时，王稽为河东守，应上计而不上，因而记于史中。计簿从地方到都城，即《曲礼》所谓五官：司徒、司马、司空、司士、司寇之官。汇其总而考核之，所谓计其事之凡也。这正如后世明清时代，县将计书达于府，府达于省布政使，布政再达于中央，即吏、户、礼、兵、刑、工六部，分别汇其总而考核之。然后上达于朝，最后由史官掌之。

根据商周时代档案与史官的职掌，是二而一。老子掌柱下史，亦属档案史料之类，而非后世王朝之国史官。周官五史所掌者，也是史料。孔子是用鲁国史料，用编年法纂成《春秋》。古代左史记言，右史记事。其存储之文书亦为编年史料而已。与后世起居注相类。《史记·廉颇蔺相如传》相如顾赵御史曰：某月，赵王使秦王鼓瑟击缶，即是。秦始皇统一天下进行社会改革，关于文书档案，保存其前进的，弃其后退的。将六国史记阻碍推进社会的东西予以清除，建设一套完整的法律、规章。湖北云梦出土的秦律竹简是极为重要的资料。

秦始皇统一了文字。到汉代对于收藏档案，体制益备。古代档案以天下计书为重，包括疆域、图册、政治记载。汉代刘邦进咸阳时萧何首先收集图集。汉武帝置太史公命天下计书，先上太史，副上丞相，并开献书之路，置写书之官，外有太常、太史、博士之藏，内有延阁、广内、秘室之府。司马谈父子，世居太史，探采前代，断自轩皇。逮于孝武，作史记一百三十篇，详其体制盖史官之旧也。这些史料说明古代史官是掌管国家档案。司马迁所以能修《史记》，他是世居太史之职，可以从国家档案中探采前代。古者，天子、诸侯必有国史以记言行。后世多务，其道弥繁。夏殷以上，左史记言，右史记事。见于史书，周则有太史、小史、内史、外史、御史分掌其事。而诸侯之国亦置史官。又《春秋》《国语》引周志、郑书之说，推寻事迹似当时事迹各有职司，后又合而撰之总书记。

以上所引载籍可以证明，古代以史为重。秦灭六国，所焚之书大部为诸侯史记，也就是大部历史档案。到汉代，还有医书、兵书、诸子各家之言。至孝成之际，多有散佚，乃使谒者陈农求遗书于天下。命光禄大夫刘向校经传、诸子、诗赋，步兵校尉任宏校兵书，太史令尹咸校数术，太医监李柱国校方技。每一书就，向辄撰为一录，论其指归，辨其讹谬，叙而奏之。向卒后，哀帝使其子歆嗣父之业，乃徙温室中书于天禄阁上，歆遂总括群篇，摄其指要，著为《七略》。

汉唐宋明

刘歆所著《七略》为中国目录学之祖。《七略》中兵、农、医等专著之外，其具有史料（档案）性质者不少，如封禅、议奏、国经、世本、奏事、楚、汉、春、秋、太史公篇等，皆是昔人有言六经皆史也。即其意义，盖古代档案，编敕成书始能流传。

汉代沿袭秦制，天子正号称皇帝。皇帝之言名制、诏、诰、策。按《戒书》释其义曰："策即简，不满百文（即不满百字者，写在方上）。"制书是制度之命，诏书为诰，戒书为戒敕。这种文书都是由上下行君臣之文书。若群臣上书天子，一曰章，二曰奏，三曰表，四曰驳议。（见《独断》）

西汉官制，三公丞相之下，有长史、主簿、冶书、御史、柱下令、太史，掌固太常、掌固书佐、郡掾等，均为掌文书之职。相府之相还分各曹，分掌国家政务。地方政府，也设诸曹掾史，全国档案胥由此出。

以上具见《汉书》、《后汉书》，不再详述其官职，但籍此介绍其藏档案之所。汉代既重视国家档案之全备，必有藏档之所，《隋书·经籍志》叙汉代故事曰："石室、兰台弥以充积。"这个记载，充分体现了汉代藏有大量档案史料。石渠建设传为最早萧何为首建石室之人，它的建筑结构和保护档案文书的消防措施，为后世存图书档册之规范。《三辅黄图》载石渠阁，萧何造。其下陇石为渠以导水，若之御沟，因为阁名。所藏入关所得秦之图籍，至于成帝又以此为藏书焉。石渠是在建筑以石，围以水。这种措施，一直传到封建社会末期，明代南京的玄武湖架库，即专为收藏大量档案所建砖石建筑之库房，且建在湖水之中心岛上，亦即石渠之遗意。历代藏书楼周围亦皆有水池，明代文渊阁即傍皇室内金水河而建，清代收藏四库全书文渊阁、文津阁亦均有水池，现在实物犹存。汉太史公自传中有石室金匮之言。明代北京皇史宬是砖石结构的无梁殿，殿内有包镀金铜页的藏书柜，完全与汉代遗制相合。

唐代王朝历时长久，国家典章制度、政府机构，既因前代，又有损益。政府以中书省为之长，尚有侍中、尚书令等职。中书门下列五房：一吏房，二枢机房，三兵房，四户房，五刑礼房，分曹以主众务。后世分为六曹（部）即滥觞于此。唐代文书案卷种类繁多，见于《唐书》、《唐六典》、《唐会要》等官修史籍以及唐人奏议等，总其大概有：

制：此名本始于秦，天子之言曰制，其意为制度之命。若释其义则又有裁正、检造之义。秦始皇纪二十六年并天下，丞相王绾、李斯等议命为制。

诏：为告之义，亦秦始皇时定令，为诏告知天下用之。

诰：《说文解字》释曰告也，以文言告晓人民。帝王向天告事，如古代祭天之礼。其祝辞称为告。若庶民向官府陈事亦用告。诰则为天子向万民之言用之，即所称诰书。

敕：有诫辞之义。见于《说文》。

以上四名均属于天子向群臣和万民之名。此外上达下之文书见于《唐六典》者有：

令：为皇太子下达之文书。

教：为亲王、公主等下达文书之名。

符：尚书下于州县文书之名。

刺：此名早见于《周礼·秋官》司刺掌三刺：一讯群吏；二讯群臣；三讯万民。按刺之本义有决定之义。

《唐六典》："凡上之所以逮下者，其制有六：曰制、敕、册；皇太子曰令；亲王、公主曰教；尚书省下于县，县下于乡皆曰符。凡下之所以达上者其制亦有六：表、状、笺、启、辞、牒。表上于天子其近臣亦曰状、笺、启，于皇太子，然于其长亦为之，非公文所施。九品以上皆曰牒，庶人曰辞。"谨按：

表：又可称笺表，下言于上曰表。蔡邕《独断》释曰："表者不需头上言臣某，下言臣某诚惶诚恐顿首。"

状：劄也。唐时拟进呈帝之文书，经画然后可施行者谓之熟状。熟状名每见于宋历史。

牒：书版也。《字书释义》，小版曰牒。旧时官府移文谓之牒，即简短之文书。

笺：与表意相同。《说文解字》释笺曰："笺表识书也。"

启：启事之义。

辞：文辞之义。《说文解字》曰：讼词也。

堂帖：唐中书指挥事谓之堂帖（见《职官分纪》）。

奏请状：唐时宰相上陈奏本后，在延英殿论政事。在宋代时，还存有唐开元宰相奏请状二卷（见《职官分纪》）。

唐代各平行机关相互往来的文书有"关"之名，其意为关通其事。有"刺"名之文书，其意为刺举其事。有称"移"的文书，其意为移其事于其他机关。唐代文书名称即各类档案之名。其文书经历过程，给宋元以来制定法则。唐代行文皆有程限，即传递文件之期，限日期报定。如有一日受，二日报。若事件紧急则要随到随办。小事时限为五日，中事为十日，大事二十日，若牵涉到诉讼之事，时间则延长，当日便于检查也。制度完备开后世之法则。

朝廷大事属于中书舍人者，由中书舍人掌侍奉进卷。参议表章和诏旨，制敕及玺书、册命，均须按典故起草。所称典故，即按规定成案上给皇帝，经过批画后才下行。在下行前有四项规定：一不得漏，二不得积压，三不得违背典故，四办理要按规定及时。中书是职掌军国之政令、缉熙、载统和天人，入则告之，出则奉之，以厘万邦，以度百揆，以佐天子而执行朝之大政。又《古夫于亭杂录》、引《唐国史补》云：黄敕既行下有小异同，曰贴黄，一作押黄。

在开元时处理政务的奏议亦尚文学，即所撰奏议注意文采。有的由于文采优美，而录写副本。如开元元年十二月：“上谓曰：前朝有李峤、苏味道，时人谓之苏、李。朕今有卿（苏颋）及李义。亦不让之，卿所制文，朕自识之，自今以后，每进书皆别录一本云臣某进，朕要留中，迄今以为故事。”自唐玄宗开始，遂有留中之制，亦启后世奏章琢磨辞藻之风。到明清之际，留中之事与唐时留中本义有所区别：一为奏章陈事，一时不能裁决者，留中以待研讨；二为便于检阅，一年中群臣所奏何事。又创每年缴进原奏进宫，再逐件录副备查，此制亦从唐开成年间，将言官封驳制敕之文，在每季终，上报于朝，若无驳闻之事，亦上报。这是检查政治实施效果，一直传至封建王朝末期。

唐时，朝臣集议事件，允许各陈己见，不能附和长官意旨雷同入奏，避免一言堂之弊。开元二年十二月二十日，紫微令姚崇奏：“中书舍人六员，每一人商量事，诸舍人会同押连署状，进说凡事有是非理，均与本人。心既异所见或殊，即使雷同，情有不尽。臣会商量，其大事。执见不同者，望请便作商量，状连本状同进，若状语交反，恐烦圣思。臣既是官长，望于两状后略言二理优劣，奏听进止，则人各其能，官无雷事"。敕曰可。所谓会押，即共同签字，到了元和十五年间正月，曾下一命说"中书舍人职事准故，可令分押六司以佐宰臣等判案，沿革日久，顿复稍难，宜令修举，有须慎重者，便令参议"。这又是提倡对于政务要集体讨论之制，明清时代有御门听政之制，即集合各衙门群臣论事，清代在雍正七年成立军机处，每日早晨清代皇帝在养心殿召见各军机大臣集体议事。

唐代皇帝下达臣下之文，在制、敕、诏之正名之外，还有"宣麻"之俗称，其制始于开元十三年一月，用黄麻纸写诏书。至上元三年闰三月，诏、制、敕并用黄麻，因之史籍里有宣麻之名，即宣布诏书也。

从汉以来，定天子下达文书和臣下上达奏报，均有典制，为后世法，唐宋大体均循此制。在历朝中在行文程序，时有损益，其大体则沿而不变。汉代蔡邕著有《独断》一书，载汉制曰："汉天子正号曰皇帝，其言曰制诏，其命令一曰策，二曰制书，三曰诏书，四曰戒书。史官记事曰上制诏，制者王者之言，必为法制也。诏犹告也，告教也，三代无其文，秦汉有也。策书，策者简也，礼曰不满百文不书于策，《聘礼》记百名以上书于策，不及百名书于方。郑注名，书文也，今谓之字。"案此作百文即名也，其制长二尺，短者半之，其次一长一短。两编下附篆书，起年、月、日，称皇帝曰以命诸侯、公。其诸侯王、三公之薨于位者，亦以策书诔谥其行而赐之。如诸侯之策，三公以罪免亦赐策。制书者制度之命也，其文曰制诏，三公赦令、赎令之属是也。刺史、太守相劾奏申下士迁文书亦如之。其微为九卿，若迁京近臣，则言官具言姓名，其免若得罪无姓。凡制书有印使符下，达近皆玺封，尚书令印重封。诏书者诏告也，有三品，其文曰召某官某如故事，是为诏书。群臣有所奏请，尚书令奏之下，所司曰制，天子答之曰可。若下某官云云亦曰诏书群臣有所奏请，无尚书令奏制字，则答曰已奏。如文本官下所当事亦曰诏。戒书，戒敕刺史、太守及三边营官。被敕曰有诏敕某某官，是为戒敕也。凡群臣上书天子者，有四名：一曰章，二曰奏，三曰表，四曰驳议。章者，需头称稽首上书，上书谢恩、陈事、诣阙通者也。奏事亦需头其京师但言稽首，下言稽首以闻，其中有所请，表者不需头上言臣某言，下言臣某诚惶诚恐，顿首顿首、死罪。所引之《独断》，已非汉蔡邕之原文，是经历代传录之书，颇有讹夺之处，但此书是研究历代档案史的重要参考文献。

唐代的诏诰，一般均写四本。以为编史和存档之用。在《职官分纪》所引《笔读》，有这样记载："予方史馆检讨时，枢密院劄子问宣头所起，予案唐故事，中书舍人职掌浩诏，皆写四本，一本为底本，一本为宣，宣为行出耳，未以名书也。晚唐枢密使自禁中受旨出付中书，即谓之宣，中书承受录之于籍谓宣底，今史馆尚有梁宣底三卷。"

唐代皇帝下达的诏敕文件，在宋朝宋敏求曾著录《唐大诏集》一百三十卷，其中有制诏、诰敕、表、册文、敕文、法音、谥议、教，还有铁券，均有各类文件，全文可查《适园丛书》（据明钞本重印）。至于下达上之文书，在庶人称为辞前已言及，其文内容，留者极少。一九六六年至一九六九年，在新疆维吾尔自治区发掘出土的牛定相退租辞（原件现藏自治区博物馆），其文如下所存残句：

麟德二年十二月武城乡牛定相辞

宁昌乡樊普埴父退田一亩县

司

定县给得前件人口分部一亩

迄今五年有余从牒地要延引不

还请付宁昌乡本里追身勘当不还地子所由　谨辞

付坊追普埴送县

对当　原示

十九日

案唐时还有一种重要而给官职的凭证，名为告身。原件郑重华丽。据文献所载："将相告身，用金花五色绫纸；皇后贵主用金花五色背罗纸；不带使相者用金花五色白背绫纸；观察使及参知政事枢密副使、签署枢密院并用五色绫纸。"在北京明清皇宫内阁大库中，藏有大量五色绫的诰封轴，即其遗制。唐时告身得有者为生前的官职的凭证，死后可殓入棺中，亦复制在墓志石上。一九六八年在我国吐鲁番县阿斯塔那出土告身墓志一方，还有残存告身原件，死者名氾德达，以上轻车都尉（视正四品）死于武周久视元年（七〇〇年），终年五十八岁。告身是永淳元年（六八二年）写："告飞骑尉氾德达。"残存长宽分别为八十四·七厘米和十四厘米。原件系两整张麻纸连接，存文二十九行。另一件是延载元年（六九四年）写："告轻车尉氾德达。"这种在解放前于西北地区出土的告身据所知者约有十余件，大都流出海外了。

唐代任官职，除发给凭证告身之外，在国家存有各级官吏之履历，档名为"甲历"，见《唐会要》记唐代故事："太和九年十二月敕！中书、门吏部各有甲历，名为三库，以防逾滥。闻近日请处奏官不经司检寻，未免奸伪。起今已后，诸司、诸使、诸道，应奏六品以下诸色人旧有官及出身，请改转并请授官又与商量者，除进士及登科，众所闻知外，宜令先下吏部及中书、门下三库委给，中书舍人、吏部格式郎中各与甲库官同检，勘具有无申报中书门下需无异同者，然后依资进拟。如诸司道奏谕不实，以有为无者，临时各加惩罚，务使仕进稽实，永绝侥幸。"唐代三库的收藏类似近日之人事档案。

唐代在天文历象，亦有存档之制。其事归礼部，每季造具所记送交史馆，新旧《唐书》、《五行》、《天文志》悉取材于此。

唐代疆域广大，边疆少数民族往来无间，而国际交通亦极频繁，

《唐书》中少数民族传及邻国传都有详细记录。如长安、扬州、泉州等地，至今犹有史迹可寻。当日统称蕃国朝贡，外国使臣至，接待为鸿胪寺，皆详询土地、风俗、衣服、贡献、道远近及各种情况，所以在新、旧《唐书》中，此类事件得以充实。唐代内政外交今日仍多可考见。这都是反映唐代帝国之强大，政治结构之完备，对官文书的行文程序和储藏制度均有规章，为后代创制规模。由于国际事务和各少数民族的时常往来，在唐代档案中还有"过所"之名，所谓"过所"即通各关口通行护照。这类文书，原件在国内已少见，在外国犹有存者，如日本历史学者内藤虎次郎所写《三井寺唐过所考》，即流出海外唐代文书之一。其内容如下：

> 福寿寺圆珍，年四十三。行者丁满，年五十。并随身名道具、功德等。
>
> 韶广两浙已来关防，主者上件人贰，今月、日得万年县，申称今欲归本贯觐省，并往诸道、州、府巡礼名山祖塔，恐所在关津、守提不练行由，请给过所者准状、勘责状，同此正准给符，到奉行
>
> 都官员外郎判依主事袁参
>
> 令史戴敬宗
>
> 书令史
>
> 大中玖年拾壹月伍日下
>
> 蒲关十二月四日勘出　丞郓

唐代史馆，主掌史料以修史之用，在唐大诏令八十一有《条贯起居注敕》。其文如下：

> 记事记言，史官是职，昭垂法诫著在旧章，举而必书，朕所

深望，自今以后每坐日，宰臣及诸司对后，如使可备劝诫合在记述者，委承旨宰相宣示左右起居缀录，仍准旧例，每季送史馆。元和十二年九月

这是唐代史馆征集档案之敕，起居注及实录之编录，即敕中所称每季送史馆之材料，《唐六典·史馆》：史馆史官，掌修国史……皆本于起居注以为实录，然后主编年之体，为褒贬焉。

宋代的政治机构，和官制大体均承袭唐代，宋代初年，以平章事为宰相，到神宗朝于三省置侍中、中书令、尚书令等，中书门下在朝堂西，榜曰中书，为宰相治事之所。又有中书省、门下省，中书省掌册文、覆奏、考帐。中央政府文书，中书省实掌之。宋代文书，名称种类亦多，兹依史籍罗列大概。

时政记：为修史之原始材料，每季送付史馆。

闰年图：为天下图籍，每十年各画本路诸州图一本，上职方。

编修例册：历年政治成案，均按年编辑成册，如嘉祐二年诏编枢密院机要文字，点检编排。自建隆以来至六年，编成一万一千一百六十二册。三年十二月，枢密院上端拱以来宣敕劄子六十卷，目录二册。治平元年闰五月，诏枢密院班簿季一进者，今为册录。二年五月，枢密院编机要文字九百八十一册。熙宁二年五月枢密院乞将祖宗以来法制，所宜施于远者，并删取大旨，著为划一，及圣政厘革条章以次记录。或有条理未备更详核，所说冀得以考求其事。曰兵制，凡招陈、屯戍、训练之类皆附焉。曰马政、曰边防、曰夷狄、曰属国、曰守城、曰器械、曰捕盗、曰选材、曰责效，各以其事类相从一如兵制，候编成册。仍于逐门各留空纸，以备书载将来处置事件，诏以"经武要略"。以上均见《职官分记》。

从枢密院编修汇例所记各事，在宋时存档有原来文件，如劄子之

类；有择要记录之档；有分门别类之档，如《经武要略》之名，此制直传到封建王朝末期。

中书五房总例：嘉祐三年闰十二月诏中书省五房总例，以殿中丞王广李立之编排中书诸房文字。

贴子：为中书检正官所发下，先通过执政处方得发出，还须钞之于簿留存。

劄子：与唐代同。

画录黄：将已签署的上达下文书录副本。

六曹奏钞：为政府六部奏陈事件钞录副本存查。此制在清代名六曹章奏。

缴状：上达下之文书，经过改正。

批状：经过皇帝批下之文书。

关子：《宋会要》载："宣和四年八月少师太宰王黼言……臣伏见近岁以来，枢密院诸房浸紊成宪，凡所施行折以为二，一曰机速，更不关录门下省；一曰急速，更不录送门下省，止用关子，更不关录者，门下省悉不预闻。用关子者，审省、覆奏与封驳之法尽废矣。"谨按：门下省，元丰六年，兵房上半年承受枢密院录白者，一千七百三〇件，内用关子才二事而已。今年上半年，兵房承受枢密院录白文字三百七十七件，而用关子者至四百八十九件，何其多也。称系机速今不关录者不在此数。

从《宋会要》所载，宋代存档之制极为严格，凡有画黄者，须黄存档；未画黄者亦存档，但要告知门下省。根据宣和年间兵部承受枢密院录白一千七百三十件，用关子通知门下只有二件，这就是王黼所谓"浸紊成宪"事件之一。

画黄、录黄、录白、画旨：《宋会要·辑稿》载：熙宁五年二月一日，诏中书省、枢密院，面奉宣旨别以黄纸书，中书令、侍郎、舍人宣奉行讫，录送门下省为画黄。受批降覆，请得旨及入状得画事，别以黄纸亦书，宣奉行讫。录送门下省为录黄。枢密院准此，惟以白纸录送而得旨为录白。批奉得画者为画旨。门下省被受录黄、画黄、录白、画旨者皆留为底详校无舛，缴奏得画以黄纸书。侍中、侍郎、给事中省审读讫，录送尚书省施行。三省被受敕旨及内降实封文书并注籍。

申状：在宋代文书之一种，它的使用级别、范围见宋熙宁五年十一月诏："十一月诏秘书省，殿中省，内侍省入内，内侍省于三省，用申状，尚书六曹用牒。"申者为申舒于上级以致其意。

五房总则：后世会典性质之编纂。

三司条例：同上。

宋朝各类文书体裁，在宋代曾巩所著《元丰类稿》录入原文甚详。

明代是我国高度集中专制政权的王朝，对于国家体制组织完备。执掌国家政权最高机关为内阁，内阁大学士相当古代宰相之职。分掌国家实权各项庶务之机构为吏部、户部、礼部、兵部、刑部、工部。其官制系沿汉唐之旧而损益之，是总结我国从奴隶社会，周王朝到明以前历代封建王朝的体制而形成的。在其后的清王朝则悉袭其旧制，关系国家庶务的官文书程序严密。从朝廷中下达之文书，主要名称与古代同，即制、诏、诰、敕、册文、谕、书、符、令、檄。臣工上达之文书为题本、奏本、揭帖、启本、勘合、黄册、鱼鳞册等。此外还有贴黄、职屏誊黄。

（1964年讲稿）